監督山際永三大いに語る

映画『狂熱の果て』から「オウム事件」まで

山際永三・内藤誠・内藤研

彩流社

目次

参考資料

はじめに

ことし(二〇一八年)二月に国立フィルムセンターの特集「発掘された映画たち2018」で、山際永三監督の孤児《オーファン》フィルムだった『狂熱の果て』が上映された。わたしは助監督時代に東映東京撮影所へ山際監督をお招きして一度見たことがあるのだけれど、映画の好きな彩流社編集部の河野和憲さんを誘って、再見することにした。客席は満員で、知った顔も多く、「キネマ旬報」四月下旬号の山根貞男「日本映画時評」には丁寧な批評が掲載された。河野さんも作品が面白いと思い、そのことがこの本の成立につながった。

会社はちがっていても、大島渚監督や鈴木清順監督などは東映で仕事をするさい、脚本を一緒に書こうと指名してくださったりしたので、相当に長い期間、寝食をともにして、いろんな話をうかがうことができた。作品が成立しなかったにせよ、そのことはいい思い出であり、わたしの財産である。

山際永三監督は忘れておられるだろうが、わたしは日本映画監督協会に入りたての頃、パーティの席で、「きみの『不良番長・暴走バギー団』には笑ったよ」と声をかけられて嬉しかったことを記憶している。しかし山際監督の多方面にわたる活躍について、お話をうかがう機会はなかなか訪れず、このたびの旧作発掘は絶好の機会だった。

さて、聞き語りを始めるにあたって、息子の研の参加を求めたのは、本文を読んでいただければ明らかなように、彼が山際さんの伯父、志賀直哉の全集をよく読み、かつ、ウルトラマン・シリーズその他の山際作品を、子どもの頃から見ていて、力になってもらえると考えたからだ。

当初、わたしが書いた企画書には「『狂熱の果て』から『ウルトラマン』まで」という副題がついていて、二回にわたる聞き書きは無事に終了した。やがて原稿を校正しているとき、「オウム死刑執行」という事件が起きた。聞き書きは「石井輝男プロダクションのこと」という項目で終わっていたのだが、山際さんは一九九九年に執筆された『オウム真理教と人権』という論評の前に、石井監督の『地獄』について書き足しの作業をされ、副題は「映画『狂熱の果て』から「オウム事件」まで」となった。

そのあたり、さすがに山際永三監督のキャパシティの広さを思わせるものであり、ただちに副題を変えた河野和憲氏の編集感覚にも脱帽した。日本中が関心をもつべき事件であり、わたしに異存はない。

もしこの本が面白く読んでいただけるとしたら、若い友人の下村健氏や小野田陸春氏がＤＶＤコレクションを提供して、にわか勉強を手伝ってくれたことで、感謝している。

（内藤誠）

監督山際永三、大いに語る（山際永三・内藤誠・内藤研）

（1）生い立ち

内藤研　これからいろいろとお話をうかがっていく山際さんは一九三二年七月二十二日、応用化学系の会社勤務の父、山際太郎と志賀直哉の異母妹、淑子の二男として生まれました。淑子は直哉の日記、手紙にたびたび記述があるだけでなく、短編「母の死と新しい母」や「鵠沼行」などの短編にも登場します。

『かくれん坊』という作品では、淑子と隣の西洋人兄妹がかくれん坊をして、鬼役になった淑子が目隠しをしているうちに兄妹は家に帰ってしまうが、その様子を直哉が見ているといった文章があります。

そこでまず、山際さんがお生まれになったところは？

山際　兵庫県の須磨です。父親が働いていた会社の工場が尼崎にあった関係です。まだ赤ん坊のころに東京赤坂の霊南坂に移り、少年期はずっと東京で、アメリカ大使館の近くにいて、芝の鞘絵小学校に通いました。芝には会津藩の江戸詰めの侍屋敷があり、うちは代々そこに縁があって……。

研　だから疎開先が会津なのですね。

山際　一九四四年九月に縁故疎開で父の故郷である会津に行きまして、鶴ヶ城のそばの鶴城小学校に編入しました。食事は集団疎開のようなひどさはなかったけれど、同級生からはいじめられました。東京弁をしゃべっているだけで、いじめられるのだから。

内藤誠　ぼくは父の勤務先の三菱海軍飛行機工場のある名古屋から、三河の母方の祖父のところへ親元から離れて縁故疎開しました。半ズボンに革靴で登場したので、上級生からにらまれて、ひどい目にあった。

研　戦後は家族一同、三河に居つくんだけどね。ぼく、小さいとき、佐々木守さん脚本の疎開児童ものを見て怖かった。

誠　守さんは受け入れ側だよ。

山際　彼は石川県出身だからね。

誠　いま「キネマ旬報」で連載中のもので、佐藤純彌先輩も疎開のきつさを語っていたなあ。

山際　ぼくに関しては、お坊ちゃん生活が家族から引き離されたために、自立できたという、いい面もあったかと思う。半年くらいで家族も会津にきました。

誠　ぼくは三年に及んだ。その反動で母にはほんとに可愛がられました。
研　疎開世代は子どもに甘いと言われるけど、戦争の哀しみを知らない人たちがいなくなったら、日本はどうなるのかとも思う。
山際　たしかに人間の体験はがらがら変わっていきますねえ。
研　戦争中、お父様はどんなお仕事を？
山際　クジラから油脂を取るのですが、それを石鹸に使うと臭いが強いので、その臭いを消す研究をしたりしていました。

(2)敗戦前後

山際　一九四五年八月十五日は会津中学の校庭に全員集められて、玉音放送を聴きました。ラジオはガーガーいって、天皇のことばも難しくて分からなかった。戦争は負けたかなと思ったが、軍国少年だったから仙台の陸軍幼年学校の受験準備はそのまま続けていました。天皇のために積極的に死のうというのではなく、当時の雰囲気で軍人になって、死なきゃいけないかなということです。幼年学校を志望する者は二、三十人くらいで、教室に集められて受験勉強。ほかの生徒は勤労動員で、重いものをかつがされて、子ども心に格差があることを感じた。ぼくらは八月末に、会津の陸軍病院で体格検査があって、おちんちんをいじられたりして、屈辱的な目にあいました。

誠　戦争はもう終わっているのに?

山際　ええ。そうなんです。でも結局、幼年学校は存続しないことになり、ジ・エンドです。

誠　そんなことがあったとは。ぼくの知人では脚本家の桂千穂さんが名古屋幼年学校、ジャズ評論家の相倉久人さんが東京幼年学校にいたということですが……。

山際　九月になって新学期。ゲートルを巻いて学校に行ったら、明日から巻かなくてよいと。ゲートルなしで学校に行ったら、ズボンがパカパカ。これで戦争が終わった、命が助かったんだと実感したのを覚えています。

誠　ぼくは玉音放送を母方の祖父の葬式の席で、東大の印度哲学を出たお坊さんが解説して、負けたと分かった。祖父が亡くなる前に、技術者の父がもう日本は負けますと口をすべらせ、息子を戦死させている祖父がすごく怒ったのを覚えています。大佛次郎の『山本五十六元帥』を愛読していたぼくは、これでもう憧れの海軍兵学校へも行けないのかとがっくりして、葬式で出たご馳走も食べる気がしなかった。

研　山際さんはお父様のルーツである会津と戦後はどう関わってきましたか?

誠　会津は、鈴木清順監督の『けんかえれじい』(一九六六年)にも出てくるように白虎隊魂の地。

山際　戦中、白虎隊はナチスやファシストから讃えられ、碑まで贈られました。戦後になって会津は碑を撤去したり、また置いてみたり、みっともない。実際の白虎隊だって、リーダーの侍が食糧調達と称して逃げてしまうなさけなさ。早乙女貢の小説やテレビドラマのようにキレイなものじゃない。
研　それはまた？
山際　六十歳をすぎてから自分のルーツを調べようと思いましてね。一緒に幼年学校を受験しようとした同級生たちと研究会を作り、毎年七月に集合して、たとえば会津盆地の七つの峠を歩いてみて、官軍がどこからやってきて、白虎隊はどう逃げたかを検証する。会津はなぜ負けたのかが、研究テーマなんです。

論評(1)　原爆戦後史研究会(報告1)　一九六二年六月十五日発行

原爆詩にあらわれた意識像　(山際永三)

ここに「広島」と題されたアンソロジーがある。それは広島や原水爆の問題に関連してつくられた、二十一人の詩人の詩を集録したもので、広島で発行されている。(一九五九年八月季節社)広島は非合理な人間存在……戦争……とそれを貫く歴史の重みをはらむ、大きな主題である。その主題がどのような意識の中でとりあげられて来たか？

ギラギラノ破片ヤ

灰白色ノ燃エガラガ
ヒロビロトシタ　パノラマのヤウニ
アカクヤケタダレタ　ニンゲンノ死体ノキメウナリズム
スベテアツタコトカ　アリエタコトナノカ
パット剥ギトツテシマツタ　アトノセカイ
テンプクシタ電車ノワキノ
馬ノ胴ナンカノ　フクラミカタハ
ブスブストケムル電線ノニホヒ

この原民喜の詩は原爆を受けた広島の悲惨な情況を生々しくとらえようとしている。峠三吉の「眼」と共に強烈な事実の反趨となってせまってくる。そしてその悲惨さをパノラマとして見、馬ノ胴、電線ノニホヒとして定着した、その孤独な対象化が詩を成立させている。……広島の主題はそこで約二十六万の人が死に、約十六万の人が傷ついて残されたというまぎれもない事実から出発するが、それが同時に歴史の必然によって支えられていたということに於てこそ、表現としての時間的空間的な独自の展開が要求されている。カタカナでしか表わしようのない原民喜の固結した苦悩はリアルではあるが、「スベテアツタコトカ　アリエタコトナノカ」の一行は完全に歴史の中で宙に浮いている。事態をそのように一応客観的に眺め得た彼

原　爆　戦　後　史　研　究　会

報　告　1

原爆戦後史研究会//東京都目黒区中目黒4−1487 岡方　Tel.713−6540

は戦争にも批判的なインテリであった。それまでむしろ個人的な情感と絶望をうたいつづけて来た原民喜は、「キメウナリズム」をなす死体となった広島の大衆の対象化も客観化もなく、天皇陛下の戦争とピカドンの中でめちゃくちゃになった一瞬をアクチュアルに記録することは出来なかった。その場にのぞんで、「アリエタコトナノカ」と言わねばならなかったことについて、僕らは原民喜に対して心から残念だったと言わねばならない。

原民喜と峠三吉以外の十九人の詩人は、直接の被災者三人を含めて、どれも当時の情況そのものを扱つてはいない。広島の事実をふんまえながら、それぞれ戦後十数年を経過した今日に主体をおいている点がより一層複雑な意識像の展開となっている。その間に、敗戦の意味がなしくずしにされる中での復興、そして民主運動の挫折、朝鮮戦争、平和運動の一環としての原水爆反対運動、体制の反動化等々の戦後体験が進行して行った。

「灰色の文明の廃墟」に「わが墓のような一つの碑」を見る佐川英三、「生きている人間は死んだ人間の白骨を踏んで地面の上を歩いている」という上林猷夫、「ヒロシマの亡き人よ、生きてある私を許せ」という一柳喜久子、又そうした現代人の非合理な苦悩をトータルな発想で定着させた安東次男の「死者の書」等、どれも広島という大きな主題をとらえ、とらわれた戦後の意識の現実を提起している。だがそれらの詩の中で一つの転機を明瞭に示しているのは長谷川竜生の「追う者」である。

生きのこつた広島の人たちよ
いたずらに傷口をみせて
嘆いてはだめだ。泣いて訴えるな
だれとだれとだれだつたか
探しだし　深く掘りさげて
人民の犯罪者を発見しよう
殺されても、八つ裂きにされても
俺たちの追いかける歴史はつづく
歴史はつづきながら、だんだんと
追う者の数は大きくなり
鋭くなり、優れてくる
そして最後に審判する。

俺は追う者
俺たちは追いかける者
呪いの火を噴きかける者。

この詩は原爆の災害を運命や人間悪一般といったところでとらえる意識を正面から否定して、被害であることをはっきりさせ、同時にその被害を見通しもなく嘆き訴える被害者意識をも否定した。単純なほどの歴史へのオプティミズムは否定の規模の大きさによって語られている。それだけに「歴史はつづきながら、だんだんと」ということは大変な重みとなって僕らにせまってくる。歴史はその必然を貫いていると同時に、偶然のぶ厚い存在を生かしているのだから。そしてつづいているのだから。……責任はどこにあるのか？　この詩の示す方向に沿って左右にゆれ動くものを内的にかかえながら、自己を常に「追う者」たらしめようとする人々の運動が始まって行く。「安らかに眠って下さい、過ちは繰り返しませぬから」ときざまれた碑の言葉が全く空虚になって行く時代に、ヒロシマはよみがえり、人類社会の未来の問題に切実な関連をもってくる。「だが僕は死なない　あの原子爆弾のためにだまって死んでしまえるものか」とかいた徳納晃一、「わたしの喉を生臭く流れようとする黒い血液、衆議院議員の投票をかいている時、用紙のうえに一つ落ちた」とかいた原田節子の二人は原爆症の患者として参加し、「原子爆弾投下に加担した科学者、政治家、軍人そして飛行士たち」「恐るべきファッシスト、死の商人ども」と罵倒をあびせる浜田知章、又広島に対して「おまえの立っているところにたち、おまえの眼の注がれている方向を見て　はじめてハツキリと見えるものがある」とかいた小野十三郎が参加し、そして〝ノーモアヒロシマズ〟のスローガンのもとに原水爆禁止運動が世界の中でじわじわとひろがっていった。しかし集った人々の意識は決して一つでありようはずがなかった。人々は明晰を渇望したが、抽象的な正義の基準などはどこにもありはしなかった。日常的な時間の進行において、その矛盾は人々の間にだけではなく、人々の内部にもひろがっていた。それほどに広島の主題は大きく、そして重かった。又一方では長谷川竜生のオプティミズムではしょせん切りつくせない半固体は、一見全く広島から離れたところにすらその影をのばしていた。つまり問題は集まった「追う者」から「追われる者」へ「追わぬ者」「追えぬ者」へひろがって行き、再び「追う者」へ戻って来る、交流の性質をなすものだった。責任はどこにあるのか?……そうした意識の矛盾はこの詩集の中で次のような現れ方をしている。

島陽二は「ある形骸」という題で、現在の広島で被災の様相をとどめているほとんど唯一の建物である市役所の「赤むけた瀕死の獣」の姿をとらえた。「ぼく」は「ここで死んだのは誰か」といって、何とかして十年前の「奪われた時間」をさかのぼろうと努力する。しかし「ぼくの半身を死者の遺品にあわせようとすると、ぼくは皮膚の裏側のように冷い」というのである。そこに作者の心臓の鼓動が熱くきこえてくる。いい詩だ。そしてぼくは「最後の内ポケットをさぐる」という。

……………………

底をさぐり底をさぐり　ぼくは

遠いところにあるはずの現実にふれそうになる
死んだのはだれだっていいさ
階段をかけあがる
襟首から出したぼくの顔めがけて探照燈のように切ってくる冷気
帰らなくちゃ
ほんとだ　終電のなくならぬうちに
いきなり　うしろから頸がしめつけられる
さらわれた小動物のように足をばたばたさせるぼくの
かすんでいく意識のなかに
次第にたしかになるイメージがある
市役所は　あのとき
地上にもどってこれぬ死者の塔に打ちつけられたのだ

終始広島の主題に対して回顧的な弱さがあるが、その弱さを自己の日常性の中での疲労感、熱い不感症として見つめ「死んだのはだれだっていいさ」とまで言って逃げようとする姿にイメージして行く操作のリアリティに感動がある。逃避しようとする「ぼく」をむろんうしろからしめつけるものがある。内部の葛藤だ。そこで更に「さらわれた小動物」とまでつきはなすと、作者のその誠実さの裏から問題意識のなしくづしが起ってくるように思える。つまり「地上にもどってこれぬ死者の塔」としての市役所を確かなイメージとしてもつことは大変けっこうなのだが、この詩を支えるリアリティとなっていた、日常性の中での不感症、あせり、ひねくれ、逃避等の自己矛盾に満ちた意識が「かすんでいく」のでは困るのである。自己告発が不発に終って、この詩が再びくりかえされて行くところにこそ問題があるのではなかろうか。

あなたは見たでしょうか、
十年経ったデルタの町の繁栄を。
聖堂の祭壇にきらめいている不死鳥と
よびあっている死の影もうつろなドームを。
それが
血と骨の乾いた白い砂漠に立っているのを。

真壁仁のこの作品は、戦後の復興広島から問題提起をしようとしている良さはあるとしても、それを「繁栄」とか「死の影もうつろ」とかいうチンプなイメージでしか出せない発想法が感動を呼ばない。彼のいうところの「砂漠」とその上の「繁栄」なるものを、自己の内部矛盾としてとらえようとせずに、いくら「わたしの頬にやきついている火のかさぶた」などと訴えたところでだめなのである。「生きているものがわるがしこく、死んだものがこたえない以上、……信ずることができましょうか、世界が廃墟でないということを」となると、もうヒューマニズムの無力などと言っていられないほどの、作者のおもい上りを感じてしまう。原民喜の「アリエタコトナノカ」よりも、はるかに後退している。

被災者の一人米田栄作の「火を噴く砂」は少しまとまり過ぎているぐらいまとまった作品だと思う。

きょうもまた、水爆実験が告げられるとき
最大振幅〇・五ミリバールの
異常微気圧振動
揺さぶられ通しだ
〈崩れてはならない〉広島の砂よ
〈眠つてはならない〉眼を開くのだ

ストロンチウム90、セシウム137の死の影におののくとき
いま十一年目の砂が燃えはじめ
砂が砂に通じる季節だ

いま、地熱が二十四万人を甦らし
火炎を煽り、砂が砂を思う季節だ

杭打たれた砂、砂川町よ
こなごなに砕かれていく砂、沖縄よ
消え去った砂、クリスマス島よ
胸の中の砂が不死身の叫びを発するときだ
背負った砂が飛礫となるときだ

この引用部分の前に出て来る行「私の胸の中のケロイドは焦げはてた砂が食い込んだままだ」は単純で力強い。「砂」の感触でつなげて行く方法はうまいのだが、「杭打たれた砂、砂川町よ」となると語呂合せのようで感心出来ない。「崩れてはならない、眼を開くのだ」というはげましを「広島の砂」に呼びかけねばならない現実をふんまえて、主題を基地問題から、戦争か平和かへひろげて行く方向性は正しいのだが、広島の主題はただ単に戦争か平和かへひろがるだけではなく、安東次男の「死者の書」から長谷川の「追う者」、島の「ある形骸」までにからんで、人間の意識像と歴史の質的な転換の主題にも深められねばならぬ点を考えると、この作品にも不満は残るのである。

………………………………

そうです。
もっと、もっと強力な原子爆弾をつくって、国家が他の国家を破壊し、ついには世界を、みずからが破壊してしまうのかも、しれません。
（がしかし、いつまでも、人間は、みずからが創ったものに脅えていないのです）

そうです。
原子力の平和利用。
あらゆる恐怖を、克服しなければなりません。
恐怖を喜びに、かえるということを、
ほんとうに識らなければなりません。
わたしたちは。

大江満雄のこの作品は、長谷川が「追う者」で否定し、そして原水爆禁止の訴え方としてかなり一般的であるところの、原爆への「恐怖」の意識というものに対して、合理的なもの、未来的なもの、希望的なものを対立物としてうち出したことについて、一抹の積極性を認められないことはないが、問題の主要な部分については全く素通りなのが大変気にかかる。「おろかで、野蓄な、あやまつた精神の構造を変える」とか「おそらく、原子力があたらしい世界精神を、ひろい知識を、ゆたかな感情を、よびおこすであろうと夢みながら」などの行にある底ぬけのオプティミズム、そして歴史と下部構造を本質的にとりあげて行こうとしない考え方のせまさ、等が目につき、「わたしは、いま広島と長崎へおちた原子爆弾を考えているのです」などといわれても、本当にどこまで考えているのか信用できないのである。この詩と共通する精神構造を、僕は広島の平和記念公園の中にある資料館で見た。資料館の展示はその前半を被災の説明や写真、とけた瓦、こげた衣服、フォルマリンづけのケロイド等にあてているが、後半を原子力の平和利用、原子構造の説明にあて、ミサイルロケットの模型すらかざってあるのである。何ということだろう。とまどいというよりも、むしろ激しい嫌悪感におそわれる。最初に原爆のおそろしさを見た人々は、後で原爆が科学発達の犠牲であったことを知らねばならないというのだろうか？　ＡＢＣＣその他のアメリカ側から提供されたであろう写真や模型がおびただしい。いかなる善意も、ケロイドの前に通用しない。広島復興のギマン的側面をはっきりと見せつけられる資料館である。

かつて私はうたつた
群衆がマタ街ヲツクリ罪ヲツクツタ　と
泥ヲ原罪ヲ　群衆ト無人ヲ信ズル　と

また
人間ノナカニハツブレナイ黒イ卵ガアル　と
同時に　私はいま思うそれは私のようだ　と
そしてこの
燃えあがる音響やいきれのなかで
あの群落のどの屋根の下にも
何人かづつの私が住んでいる
小さな声で
かすかな呼吸で
手をあげ
炎天に向きあったはだかで
私が四十万人も立っている

清水高範の「市街」というこの詩には……原爆十三年目に……とサブタイトルがついている。「街」の復興をした「群衆」が「罪」をも復興するという意識は、当然復興広島の内部矛盾、その中にかくされたギマン性にふれているわけだが、それを「罪」としてイメージするところに、個人主義的なオピニオンとしての限界を感じさせる。「群衆ト無人ヲ信ズル」とうたった自己矛盾が「四十万人」の私に拡大されたとしても、それがあくまでも同じヒューマニズムの次元でしかないというところが問題である。それは言葉の問題としては「群衆」とか「街」とか「鋼鉄のように」とかを何とかしなければならないということでもある。かつての「私」がうたつた「黒イ卵」を「人間ノナカ」というオピニオンなしで反芻してみたい。

葬いの寒い夜、
僕らは比治山に登った。
十三年前の死の街は、
いまネオン、サインで華やいでいる。
今日、
死者のために涙を流した一人が言った。
〈百万ドルの眺めやなあ〉

突然、
僕の頭の中へも
蝿が飛びこんできた。
死の匂いを求めて。

壺井繁治の「ヒロシマの蝿」と題するこの詩は、或る「死者を焼場へ運ぶ」途中、つきまとって離れなかった蝿がいなくなったので「やがて死ぬだろう」と思っていたら、その晩、比治山から広島の街を見ていた時に突然又飛んで来たというイメージをとらえている。原爆の匂いを追う蝿があらゆるところにいて、それが自分の頭の中へも飛びこんで来るという意識は、それだけでなかなか重みをもっていると思う。しかも「ネオンサイン」という形で復興広島の現象がとらえられ、それに「死者のために涙を流した」同志の一人までが「百万ドルの眺めやなあ」とマスコミにのせられているのを見て、がくぜんとするというのにはリアリティがある。しかし「死者を焼場へ運ぶ」とか「死者のために涙を流し」とかいうスタティクな発想には疑問が起る。僕らは被害者をとむらうために世界大会を広島でやるのではないのだから。そしてネオンサインで象徴される復興広島の日常性を対岸において眺める姿勢も消極的だ。ネオンサインに向って、二十数万の死者を忘れたのかと叫んだとしても、その声は空しくはねかえってくることの痛みを、詩人こそは問題にすべきなのだ。映画『二十四時間の情事』の作者アラン・レネエは、広島の街の夜間ロケに於て、消えているネオンを全部つけさせたという。ネオンの街広島にこそ原爆の街広島の戦後史を見ようとするレネエの立体的な姿勢が、あの映画の詩を支えていた。

以上この詩集に収録された作品について、それぞれの意識像を見て来たが、詩の方法を含めて、批判はもっともっと深められるべきだと思う。それは広島という主題が、その類のない災害の大きさのためだけに重要なのではなく、戦後史の中で現在的にも未来的にも、僕らのあらゆる状況、情勢にからんで来るために重要だからである。僕らの日常と非日常、大衆論、存在論、芸術論そして平和と革命に広島が立ちふさがっているのである。

(3)映画へのめざめ

研　会津では映画をご覧になっていましたか?

山際　戦後になりますが、五所平之助監督の『五重塔』(一九四四年)を覚えています。しっとりした雰囲気の映画でした。一九四六年からはアメリカ映画がたくさん入ってきて、明るく豊かなアメリカ人の生活に驚きました。

誠　ぼくは父が映画好きなので、疎開前には『無法松の一生』(稲垣浩監督、一九四三年)や『ハワイマレー沖海戦』(山本嘉次郎監督、一九四二年)、『決戦の大空へ』(渡辺邦男監督、一九四三年)、漫画映画の『桃太郎の海鷲』(瀬尾光世監督、一九四三年)と、よく見ました。疎開してからはダメでしたが。

研　山際さんに作成いただいた年表によりますと、一九四七年三月に赤坂に戻ってきて、四月からは麻布中学の三年生となっていますね。

山際　麻布中学には会津中学の成績表を提出しただけで編入できました。そこでのちに映画評論家になる佐藤重臣と出会い、映画研究会を作って映画界をめざします。
佐藤君はGHQの民主化政策の一貫なのか、CMPというアメリカ映画の輸入を一手に引き受ける会社があって、フィルムを運ぶなどのアルバイトをしていた。試写会場にも自由に入れて、この映画のココがいいなんて話す。ぼくも新聞を見て、面白そうな映画があれば、学校をサボって見に行き、池袋の人世坐で昔の映画を大いに見ました。

誠　ぼくも戦後は「ナトコが来たぞ。今夜は小学校の校庭だ」とか言って、民主化のための教育文化映画とともに、『シミキンのスポーツ王』(川島雄三監督、一九四九年)から無声映画の『己が罪』(田中栄三監督、一九一九年)にいたるまで、占領軍提供のナトコ映写機で、かけるフィルムが足りないせいか、アナーキーな選択により、映画を楽しみました。

山際　ぼくと佐藤君と、もうひとり吉田君という仲間で作った映画研究会の同人誌が「ソフト・フォーカス」で、校庭に板を掲げて壁新聞を貼ったの。エロティシズムが何とかと書いたら、教員室で問題になり、わーっ、やった！　なんて、可愛いことをしていました。

研　麻布は芸能が好きですね。

山際　一学年下にふじたあさや。上の学年に福田善之、フランキー堺や小沢昭一がいた。

誠　ぼくが会ったころの佐藤重臣さんはジョン・ウォーターズ監督の『ピンク・フラミンゴ』(一九七二年)やトッド・ブラウニング監督の『フリークス』(一九三二年)のフィルムを持ってきて見せてくれた人。

「シネ・エッセイ」(第12号、1953年4月)

一九八二年に佐藤重臣監修で平岡正明、上杉清文、四方田犬彦たちと『魅せられてフリークス』（秀英書房）という本を出しました。その本を読んだ筒井康隆が『フリークス』を見たがって、重臣さんが持っていたフィルムを16ミリの映写機ごと、高い値段で買ったので、それはいま、筒井さん宅にあると思います。

研　「ソフト・フォーカス」誌の活動とは別に、8ミリ映画を撮ったりはしなかったのですか？

山際　実作はしなかった。「ソフト・フォーカス」の印刷したものが何冊かは残っています。

誠　それは読みたいな。当時の佐藤重臣が書いたものも読みたいし。彼は、新宿のジャズ喫茶DUGのオーナー、中平穂積さんが一九七〇年にニューポート・ジャズ・フェスティバルで撮った8ミリ映画を「キネマ旬報」のベストワンに選んだりしてマジメなんだ。でも、その頃はごく普通の映画しか見られないでしょ？

山際　ヌーヴェル・ヴァーグや自主映画の前の時代だもの。重臣には人世坐に欧米のいい映画がかかると、見てこいとハッパをかけられたものです。

研　受験勉強はやらなかったのですか？

山際　はい。慶應義塾大学文学部はギリギリで入ったと思います。最後の二、三カ月は死にもの狂いで勉強しましたが。

研　慶應に入ってからは副島輝人氏と「シネ・エッセイ」という雑誌を作っていますね。

山際　重臣の紹介で麻布時代に知り合った。副島さんはジャズの世界で知られる人ですが、当時は映画の人。学校を出てから映画の宣伝用のプレスシートを印刷する会社に勤めていました。その後、副島さんは日本のジャズマンを海外に紹介することにも力をつくして、亡くなられても多くのジャズマンから尊敬されています。

誠　ぼくはルイ・マル監督の『死刑台のエレベーター』（一九五八年）以前に、『アメリカ交響楽』（アーヴィング・ラパー監督、一九四七年）や『グレン・ミラー物語』（アンソニー・マン監督、一九五四年）『ベニー・グッドマン物語』（ヴァレンタイン・デイヴィース監督、一九五六年）でジャズにめざめていたけど、山際さんはジャズのほうは？

山際　そういった映画は見てるけど、ジャズのほうにはあまりいかなかったなあ。

編集（河野）　副島さんは渡辺貞夫さんの系統よりもフリージャズ系の山下洋輔さんたちの流れを応援していましたね。

山際　副島さんは人をほめあげるのがうまいんだなあ。ぼくが青くさいことを言っても、「きみ、それを書いてみなよ」と。副島さんに書くことを教わったと思います。

（4）志賀直三『阿呆伝』

研　山際さんに頼まれて、父がここに持参した志賀直三著『阿呆伝』（新制社）という本があります。一九五八年刊行で、谷崎潤一郎が序文、獅子文六が帯に推薦文を書いています。志賀直三は直哉の異母弟で、かつて映画界で俳優、美術、製作をしたこともあります。山際さんの叔父にあたり、可愛がってくださったとか。

山際　すっかり忘れていたけど、この本が出たころ、叔父から母に贈られてきたのを思い出しましたよ。そのうち読もうと思っていたら見当たらなくなった。母が隠したのかもしれませんね。アメリカ、ヨーロッパで放蕩を重ね、志賀家の名を汚していると思って。でも、ぼくから見たら多芸多才のやさしい叔父さんでした。

誠　マサチューセッツ工科大学とケンブリッジ大学を中退したインテリの経歴が丁寧に書いてある。

山際　志賀家にお金があったということでしょう。驚いたことに、この本、第四刷もいってるんですね。

誠　売れたんですよ。映画『時の娘』(一九八〇年)で助監督をやってくれた月の輪書林の高橋徹が、静岡の古本屋にあると教えてくれて買いました。

山際　装丁を見てください。仲が悪いといっても、民芸調で、兄貴の直哉の本と趣味が同じです。

研　直哉が寄贈された『阿呆伝』に、「死なねば直らぬ阿呆伝」と書き込んだことも事実ですが、兄弟愛は強く、血の濃さを感じます。

時代はさかのぼりますが、一九三二年十一月十九日の妹、実吉英子《さねよしふさこ》あての手紙に、淑子さんが山際さんを連れて、奈良の直哉宅を訪ねたことが出てきますよ。永三はよく肥った可愛い児だと。

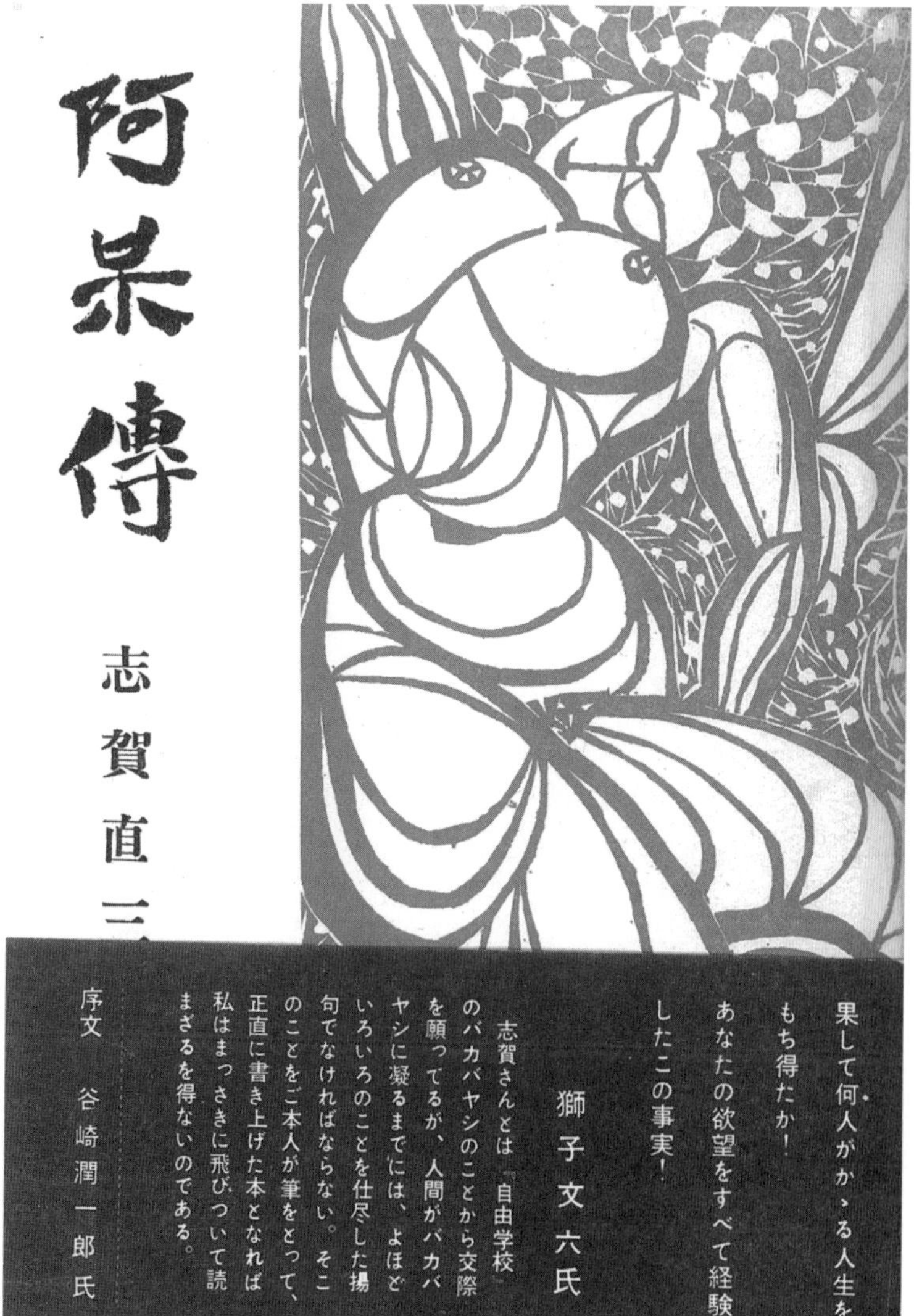

志賀直三『阿呆伝』（新制社）のカバー

山際　ほう。英子さんは直哉の年の離れた異母妹で、直三、淑子と続きます。なかなかしっかりした人でした。

誠　序文を書いた谷崎潤一郎と志賀直三は、谷崎が直三を中華民国の映画会社に入社させようとするくらいの間柄だったのです。

山際　谷崎潤一郎は自分でも映画プロダクションをやった。直木三十五も乗り出した。ところが、サイレントからトーキーになるにしたがい、松竹、日活など大資本の映画会社にかなわなくなったのだと思います。

研　志賀直哉は『赤西蠣太』をはじめ映画化された作品はあるし、映画エッセイも多く書いていますが、プロダクションはやってませんね。直三さんが関係した『青蛾』などの映画を見たことありますか？

山際　ないなあ。あのころの日本映画界はフィルムの保存に関して雑だったからね。

研　アメリカやフランスはきちんとしていますが。ところで、山際さんが映画界に進まれたとき、直三さんは喜ばれたでしょう。

山際　報告には行ったかな。当時は銀座のあちこちのお店の建物から内装までのデザインや、神田の神社のお祭り保存会に夢中になっていて、映画への興味はなくなっていた様子でした。順子《のぶこ》さんというやさしい奥さんがいましたね。

(5)サルトルとカミュの時代

研　年表によると一九五二年、破防法反対闘争に参加とありますね。

山際　慶應の文学部は、一年のときは日吉で、二年から仏文科に進級し、三田に通うことになりましたが、そのとたん、破防法反対闘争がはじまりました。多くの学生が熱心に参加しました。日吉では一学年下の浅利慶太が中心で、すさまじい演説をする、へんな奴がいるなと思ったら、浅利でした。日生劇場と組む、のちの彼とは結びつかないけど。

誠　砂川闘争もあったし、時代の勢いですね。

研　仏文の先生で印象に残る方は？

山際　慶應と学習院を行き来してた白井健三郎先生のお世話になって、サルトルで卒論を書きました。慶應では生え抜きの白井浩司さんもサルトルの本を多く訳していますが、ぼくのサルトル理解には健三郎先生の教えが大いに入っています。

研　ダブル白井なんですね。人文書院の『嘔吐』の訳は浩司、『文学とは何か』は健三郎です。

誠　ぼくの高校時代は、サルトル、カミュ、ボーヴォワールの時代だったから、受験生のころは西洋哲学科に行こうと思った。ところが先に決まって、入学金も払った政経学部に流れとして行くことになった。映画『酒中日記』に出演してくれた後輩の中野翠さんも『あのころ、早稲田で』(文藝春秋)で、そんなことを書いていたな。
山際　三田の二年か三年のとき、サルトル・カミュ論争が起きた。カミュは『異邦人』など、ぼくにも新鮮な作家だった。が、冷戦の時代、ソ連が原爆実験をし、東欧諸国を弾圧するのを見かねて、反ソ連=反共主義にまで飛躍して、カミュは反共の立場にたった。そこにかみついたのがサルトルでした。文学者が政治に口を出しておきながら、金盥に手を突っ込んだら、お湯が熱くて、アチッと手を引くとは情けない。文学者が政治に手を出すなら、もっと腰をすえろ、と。ぼくはさすがサルトルだなと思った。人文書院の翻訳を読み、健三郎さんの講義に熱を入れて、卒論を書いた。浩司先生には原書をまったく読まない人を卒業させるのかと怒られるような劣等生でした。
研　いいじゃないですか、日本は翻訳大国なんだから。仏文プロパー以外は大いに翻訳書に頼るべきです。ぼくも早稲田の仏文ですが(笑)
山際　フランス語を勉強しなかった仏文科が二人いて、一人はぼく、もう一人はＴＢＳに就職しました。
研　ぼくは詩人の窪田般彌先生の指導で、ボードレール論を書いたのですが、当時から古本だった人文書院の全集に頼りました。もちろん詩は短いので私訳は試みましたけれど。
山際　当時の仏文科は女性が半分を占めているので、ガールフレンドができるなあとの思いもあっての仏文でした。
研　山際さんと親しい切通理作さんのお母さん(狩野美智子)も同級生ですよね。

山際　おとなしい人だったと思います。息子さんにはロングインタビューを受けました。

誠　『怪獣使いと少年／ウルトラマンの作家たち』(洋泉社)を今回、予習として読みました。脚本家の市川森一がいかに山際さんを敬愛していたかとか、面白かった。

(6)志賀直哉と小津安二郎

研　サルトルの卒論を書きながら助監督をめざすわけですね。

山際　就職活動の時期になり、助監督をめざすなら撮影所にコネを見つけなきゃと周りからワイワイ言われて、熱海の志賀直哉を訪ねました。

誠　いきなり志賀直哉ですか。伯父さんとはよく会っていたのですか?

山際　正月とか、誰かの誕生日とかで遊びに行ったりしていました。

誠　短編「母の死と新しい母」によると、志賀直哉は新しい母が好きで、義妹である山際さんのお母さんたちも大切にするわけですね。

研　直哉の日記を読んでも、よく分かります。ずっと気を遣い、慈しんでいる感じです。

山際　小説を何冊か読み、『暗夜行路』も好きだけど、直哉の小説を考えるうえでショックだったのは、大学生のときに出た中村光夫の『志賀直哉論』(一九五四年)でした。彼はどちらかというと私小説に否定的であり、志賀直哉についてやさしい言葉で、きびしく批判しています。『暗夜行路』で父親との軋轢を私小説として書いたが、父と和解したあとは碌な小説を書いてないということを、やさしく、うまく書いてある。ぼくは、なるほど、こう考えていくと、自分のなかにも、志賀家の血が濃厚に流れているな、と。

研　小説の神様に失礼ですが、『暗夜行路』以降はほとんど小説を書いてないです。岩波書店の『志賀直哉全集』全二十二巻で読むことのできる、膨大な手紙や日記はユーモアたっぷりで、ときには感情の爆発があって、興味がつきませんよ。

山際　書けないんですよ。中村光夫にコテンパンにやられたあとの志賀さんの心境を聞いておくべきでした。

誠　志賀直哉を敬愛する小林秀雄を意識した文章でもあるのですが、あれ以来、日本の私小説はダメだという風潮が生まれた。

山際　これはぼくの監督作品の『狂熱の果て』の反骨精神にもつながるけど、中村光夫は志賀に反抗するだけでなく、森鷗外、夏目漱石ではじまる明治からの権威に挑戦しているとも言える。

誠　最近は新しい私小説の流れがあって、ぼくも車谷長吉や西村賢太をよく読んでいる。研に映画『明日泣く』の脚本を書かせているけど、色川武大の作品だって私小説的だしね。それこそ、東映では与えられたフィクション映画ばかり撮りましたけど。

山際　本当のところ、私小説、フィクション、ノンフィクションの切れ目はないのかなとも思います。破防法反対運動に参加しながら映画を見まくり、体系的な文学の勉強をしたおぼえもないのですが、サルトルと中村光夫からは多くのものを得ました。中村光夫の独特の「ですます調」で書かれると、妙に頭に入りました。

山際 文学的にも充実した大学生活です。ところで、志賀直哉は誰を紹介してくれました?

研 「おじさん、撮影所に入りたいから誰か紹介してください」と言ったら、小津安二郎さんへの紹介状を書いてくれました。そこで、松竹大船の撮影所を見学がてら、小津さんに会いに行きました。

誠 志賀直哉は小津さんに尊敬されていたとは誰しも知るところだけど、ストレートに小津さんとはねえ。

研 志賀直哉は面倒見がよくて、孫たちの受験についても、学習院は安倍能成に、慶應は小島政二郎に、とってくれたらいいんだけど、というニュアンスで、手紙を書いています。

山際 ところがその年、松竹は助監督を募集しなかった。新東宝は募集していると小津さんに言われて、そこに行っちゃった。小津さんは新東宝で『宗方姉妹』(一九五〇年)を撮って、いい思いがあったのではないかと思います。ぼくが新東宝に採用されてから、秋ごろになって、松竹も試験をやったと聞きましたが……。

誠 あそこは助監督部が募集を決めるんだ。ぼくも大島渚監督と『日本の黒幕』(一九七九年)の脚本で京都の旅館にこもっていたとき、大島さんがぼくに「きみは東映しか受けなかったのか?」と訊いた。「ぼくが試験を受けた一九五八年は、松竹は募集がなかった」と答えると、大島さんは

「その部会を仕切っていたのはオレだよ、マコちゃん」と言った。ぼくがむくれると、「酒でも飲みにいこうか」と笑っていたけどね。

研　新東宝の試験の内容は覚えていますか？

山際　この流派は何か説明しろという問題があって、華道かと思ったら、水泳なの。できなかったけど、小津さんの力かね、受かりましたよ。千人受けて、東大二人、早大二人、慶大二人だった。

研　松竹に入っていたら小津さんに、「志賀直哉の甥っ子の左巻きを俺が直してやる」なんて言われて、映画史も微妙に変わっていたかもしれません(笑)

山際　新東宝でも左寄りに関しては禁句でしたよ。渡辺邦男が所長でね。まず、六人の同期生に対して、「このなかに共産党はいないだろうな」なんて言うんですよ。ひでえ会社に来ちゃったなと思いましたよ。

誠　ぼくらの時代でも学科試験が通ると、興信所の男が調べにくるので、学生寮にいましたが、岩波文庫でも『空想から科学へ』や『共産党宣言』みたいな本は隣の友人の部屋に移動しました。いま思うと、笑い話ですが。

山際　新東宝は東宝ストライキで共産党にこりていたはずだから、逆に興信所を使わないのがへんだと思った。ぼくは雑誌に高倉光夫というペンネームを使って政治的にも言いたいことを書いていました。東宝ストについては、戦後民主主義のレジェンドになっていて、「軍艦だけは来なかった」(ＧＨＱの戦車まで来た)と言われていますが、その功罪、新東宝の分裂と崩壊については、もっと検証されなければいけないと思います。
研　会社に入るとすぐ、敬子夫人と結婚なさっていますが、学生時代からのお付き合いですか？
山際　彼女は日本女子大を卒業後、慶應の仏文科の聴講生として来ていました。ぼくより少し年上なんです。

（7）新東宝時代

研　山際さんが入社した新東宝は、東宝争議の最中の一九四七年三月、竹井諒を代表として「ストをするより映画を作れ」といまで言うクリエイティブ集団のようなかたちで作られた会社です。前半期の代表作に小津安二郎『宗方姉妹』、溝口健二『西鶴一代女』（一九五二年）、成瀬己喜男『おかあさん』（一九五二年）などがありますが、新東宝のスタジオはどこにあったのですか？
山際　かつて成城学園前駅近くの東宝撮影所が第一、その三百メートル先に第二とあって、第二のほうが新東宝撮影所になります。少し高い土地にあるものだから、三百メートル先の東宝を「坂下」と言っていました。
研　母の叔父なのですが、のちに東映動画で『わんぱく王子の大蛇退治』（一九六三年）や『パンダの大冒険』（一九七三年）を演出する芹川有吾（せりかわゆうご）も同期くらいですか？
山際　そうですか。おとなしい人でした。新東宝ではぼくより二年あとじゃないかな。

誠　有吾さんは石井輝男監督にもついたらしくて、ぼくに向かって「よく石井組のチーフが何本も勤まるなあ」と言っていました。

研　山際さんは石井さんとはどういう出会いでしたか？

山際　助監督で一緒になりました。石井さんはもう名チーフ。成瀬己喜男監督とか清水宏監督だと石井さん。つげ義春ものの『ゲンセンカン主人』（一九九三年）や『ねじ式』（一九九八年）には成瀬さんの影響を感じますね。新東宝がつぶれそうになったとき、石井さんが成瀬さんに相談したら、東宝より東映のほうが活躍する場があるとアドバイスされた。先見の明がありますね。東宝に行っていたら成瀬さんのミニチュアで終わっていたと思う。東映に行ったから大胆なことができた。

誠　東映で助監督をすることになるぼくらも、石井さんの新東宝時代の『黒線地帯』（一九六〇年）『黄線地帯』（一九六〇年）『セクシー地帯』（一九六一年）などのスピーディな場面展開、ジャズの使い方など、面白いなあと思っていました。

山際　新東宝が傾き、外部から名監督を呼べなくなったころ、石井さんが監督になる。新しい流れが出てきたなと喜んで助監督についた。

誠　東映東京撮影所はもともと満映の流れやレッドパージ組も、映画さえきちんと作れば受け入れるという素地がありましたから、石井さんが来たとき、野田幸男やぼくはむしろ喜んで仕事しました。セカンドのころから、きみのセンスを信用するとか言ってロケハンをまかせてくれたりするので嬉しくなる。岡田茂（当時、東京撮影所長）の「不良性感度路線」にも合っていた。

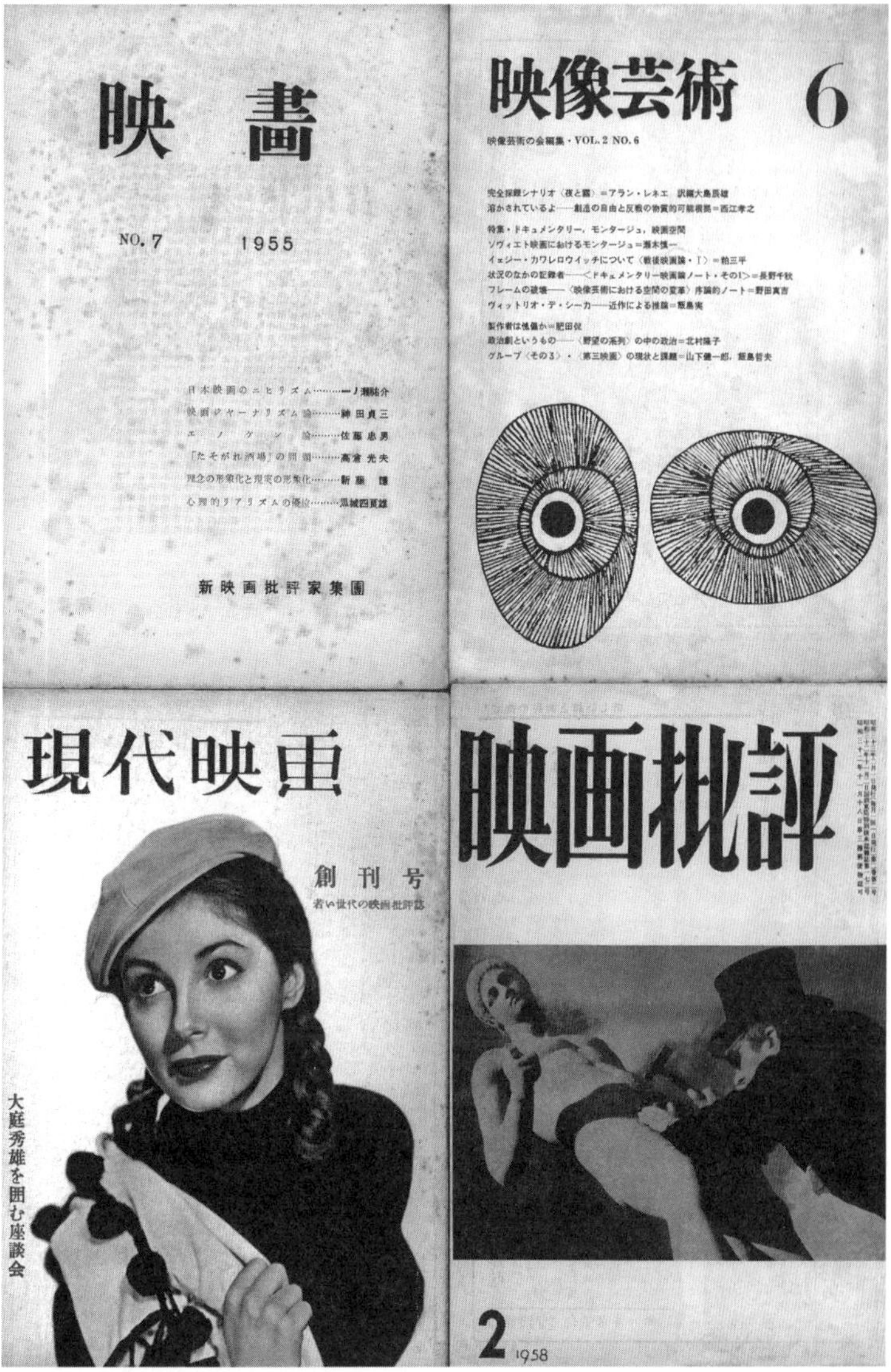

山際氏が所蔵する映画雑誌

研　山際さんは日本映画監督協会の『わが映画人生』で、助監督時代の思い出の作品として内田吐夢監督『たそがれ酒場』（一九五五年）を語っておられます。酒場で若い男女客が新時代の歌を合唱したり、津島恵子の脱がないストリッパーが妖しいダンスを踊ったりする映画です。内田監督が若者の風俗などで山際さんの意見を聞いたのでは？

山際　助監督として三本目の作品でした。ところが、映画が完成してから、『映画』という題名の同人誌に高倉光夫のペンネームで、作品をコテンパンに批判する文章を書いて、内田監督に渡しました。読んだと思うけど、その後、何もおっしゃらなかった。失礼な話で、助監督がそんなことを考えてついていたのかと思うと、監督は怒ってたろうな。

誠　「うたごえ運動」（第二次世界大戦後、合唱団の活動を中心とする大衆的社会運動・政治運動）の盛んだった学生時代に見て、ぼくは面白かった。

山際　ぼくらが慶應にいたころから日本共産党は「六全協」（一九五五年七月、日本共産党第六回全国協議会）の方針で、歌声運動になっちゃうんだから。あの場面は内田吐夢監督の二男・有作さんが法政の学生を連れてきて撮影した。彼は学生運動で暴れて三田署に逮捕されたことがある。そのとき、ぼくらは仲間を集めて、「有作を返せ！」ということをやった。吐夢さんにとっては可愛い息子だった。歌声運動の場面で、人を集められる息子がいるというから、ぼくが「有作さんなら知っていますよ」と言うと、ロケバスを派遣して、学生を動員した。

誠　じつはぼくも有作さんはよく知っていて、家城巳代治監督の『弾丸大将』（一九六〇年）で、有作さんがセカンド、ぼくがサードでした。有作さんはぼくに「ほんとはおまえの先輩になるはずだった」と言い、なんでも早稲田高等学院のとき、学生運動で暴れて退学になり、法政に移ったというんです。『弾丸大将』で御殿場ロケをしていた六月十五日、安保闘争で樺美智子が亡くなったという知らせが入った。すると有作さんは、ぼくと新入社員で進行助手をしていた伊藤俊也に対し、「ただいまから樺美智子の霊に黙祷を捧げる」と気合いの入った声で言いました。後年、彼がテレビ製作の所長になったとき、『仮面ライダー』シリーズの脚本を書きました。

山際　ふしぎな縁ですねえ。

誠　内田吐夢監督の『たそがれ酒場』には、若いころ、ピアノの調律の仕事をしたり、谷崎潤一郎の大正活映で栗原トーマスらと映画を作ったりしたモダンさもありますね。

研　ほかの監督ではどんなかたと？

山際　忘れられない人としては『スーパージャイアンツ・宇宙怪人出現』（一九五八年）でデビューする三輪彰さんです。椎名鱗三や実存主義文学のことで、ぼくと話が合いました。五所平之助監督の『煙突の見える場所』（一九五三年）のチーフをしています。『煙突の見える場所』製作から二年遅れて入社し、残念がるぼくに向かい、あの脚本打ち合わせには椎名さんもやってきて、みな一緒に映画を作っていたと自慢するんです。助監督たちは五所さんに緊張し、俳優の呼び出しでも目で合図したり、手でサインを送ったりして静かに撮影を進めたと話していました。

誠　あの映画を見て椎名鱗三の作品を読むようになった学生も多かったな。

山際　新東宝が出資して、エイト・プロが作った映画です。だから版権はいまでも国際放映にあります。エイト・プロはイデオロギー的な色彩のない、貴重なプロダクションだったと思います。『煙突の見える場所』のプロデューサーをやった内山義重さんというかたが、五所さんと椎名さんを結びつけたと聞いていています。

研　エイト・プロは一九五二年に平尾郁次を社長として作られた文学性の強い製作会社です。取締役のなかに五所平之助、客員に木下順二、加藤道夫の名があり、『煙突の見える場所』のほか、高見順原作、五所平之助監督『朝の波紋』（一九五二年）や永井龍男原作、長谷部慶次監督『明日はどっちだ』（一九五三年）があります。

山際　三輪彰と石井輝男は新東宝では同期ですが、とても仲が良かった。ぼくは三輪さんの弟分として石井さんの本直しも手伝い、それを採用してもらったこともありました。

誠　並木鏡太郎監督とは？

山際　二、三本、助監督につき、晩年はマキノプロについての著作を出版するお手伝いをしました。

誠　ぼくは『シネマと銃口と怪人』（平凡社ライブラリー、一九九七年）で、並木鏡太郎監督、山田五十鈴主演の『樋口一葉』（一九三九年）のことを書いたら喜んでくださって、温泉もある山梨のお住まいまで遊びにくるようにと言っていただいた。残念ながら行きそびれましたが、御著書をいただきました。

山際　とてもまじめな文章を書かれます。たとえば、マキノプロ時代に牧野省三さんの邸宅で火事を出し、フィルムが燃えて大騒ぎになる。息子のマキノ雅弘の『映画渡世』(平凡社、一九七七年)では「おやじは開き直って、うどんを食っていた」と講談調だが、並木さんは「避難して寝ていた」と地味に書く。そんなことで、没後ようやく愛媛新聞社から『京都花園天授ケ丘・マキノ撮影所ものがたり』(二〇〇三年)は出版されました。後輩に迷惑がかからないよう、その製作費用も残してあった。

誠 出版記念パーティには『樋口一葉』論のおかげでぼくも呼ばれ、石井監督とも久しぶりに、お話することができました。瀬川昌治監督や青野暉監督もふくめ、新東宝の人たちは仲がいいですね。

研 山際さんの話を聞いていると都会の文学青年そのものですが、肉体労働としてもきつい助監督生活のほうは?

山際 徹夜、徹夜の連続でしたが、さいわい先祖から受け継いだ丈夫な体で乗り切った。ところが、新東宝の場合、会社が倒れるのです。一九六〇年、新東宝争議が始まり、給料支払いがストップしたため、ストライキが起こる。社長の大蔵貢は新東宝に貸しつけていた一億円で三億はするという第二撮影所(世田谷区上町)をわがものにしてしまったことを責められ辞任。その後も二回目のストライキを続け、会社はつぶれても仕方がない、漠然と独立プロ系のいい映画を作る拠点にしようと主張するグループと、ぼくのようにとにかく映画を作りたいというグループ、他社に吸収されたほうがいいと思うグループなど、むちゃくちゃで、一九六一年八月に倒産しました。

論評(2)「映画評論」(一九六一年七月号)

「撮影所研究」八回目で取り上げた新東宝撮影所の現場からの声。その構成は映画のようで、さらにその苦境を強く印象づける。

チグハグなぼくらのたたかい。新東宝とその周辺の問題 (山際永三)

私の勤務している新東宝は五月二十九日に手形の不渡りを出して銀行取引を停止され、遂に実質的な製作中止の状態に入りました。今年の一月から始まった賃金の遅欠配によって、従業員の生活は非常に苦しく夫婦はわかれ、一家心中がうわさされる中で、とうとう私の友人Xは、今日自殺してしまいました。実を申しますと、彼は私と男色の関係にあった奴で、常日頃「僕は男であると同時に、女でもありたい」と言っていた不思議な奴ですが、結局のところ自殺したところを見ると、決定的なことは何一つ出来ない日和見主義者であったのだと考えるべきだと思っております。以下、彼が残した手記を御紹介します。

昭和23年2月25日第三種郵便物認可　昭和28年2月25日国鉄特別承認雑誌2441号昭和36年7月1日発行第18巻第7号 7月号（毎月1回1日発行）
映画評論
7
CINECITTA'
IL MAGGIORE STABILIMENTO CINEMATOGRAFICO D'EUROPA
PLANIMETRIA GENERALE
VIA TUSCOLANA

Xの手記

正直なところくたびれた。ともかく重い。すべてが重い。「映画評論」誌が一九六〇年度における映画界の殊勲者を選んだ時、佐藤忠男、佐藤重臣の両氏が新東宝労組をおしてくれたのはありがたかったが、その理由には確かこんな風に書かれてあった。忠男氏の方は「見ていてはがゆい闘い方だったが、ともかくよくやった」、重臣氏の方は「大蔵を叩き出した新東宝労組」云々。だが僕らは、去年の夏に「再建意見書」を出した時からずっと、大蔵を叩き出すことを目的として闘ったのではなかったのだ。それなのに結果としては大蔵を叩き出してしまった。では僕らの闘い方がまずかったのか？　それとも更に誰か僕らに「そんな無理をして大蔵とケンカをせずに、何とかやって行ったらよかったのに」と忠告することの出来る超人がいるのか？　いやいるはずがない。そして僕らは他から見れば確かにはがゆい闘い方をしたように思えただろうが、僕らとしては、今でもあれ以外の闘い方はなかったと思っている。だから殊勲者と言われても、どうもピンと来なかった。

先日も、映演総連と全映演東宝支部の幹部達が来て、共闘会議を開いたのだが、その席上、東宝の若い委員長が「映演総連はもっと本格的に新東宝の闘争に取り組むべきだ。このまま新東宝をつぶしたら、総連は何をしていたのかということになる」と言ってくれていた。全労に加盟していて、ついこの間までは映演総連と一線を画すなんて言っていた東宝の労組が、ぬけぬけとこんなことを言うのを見て、その若さと、その成長に痛快な興奮をおぼえ、全く正しく批判された映演総連の弱体と、同時に闘いを外にひろげることをサボっている僕ら労組に〃はがゆさ〃を感じたし、僕はいつも、新東宝の問題に関心を持ち新東宝の闘争を助けようとしない映画関係者がいるとしたら、そいつはダメな奴だと思うくらい新東宝闘争は重大なものだと自覚しているのだが——それを自覚すればするほどいざ総連が映サなどに呼びかけて「新東宝を守る夕べ」などを催してくれたりすると、その会場にいる間中、全身の血が顔にのぼるほどの恥しさをおぼえてしまうのだ。ともかく新東宝に対する同情ならいらない。これは被害者のひねくれなのだろうか。僕はどうしていつもこんなにチグハグなものを感ずるのだろうか。

僕のこのチグハグな気持は、今から四年前、新東宝が『明治天皇と日露大戦争』という忠君愛国のとんでもない反動映画を作って、それが日本映画史上最高の当りをとった時から、ずっと続いている気持なのである。あれが当ってからというもの、僕らは大蔵に完全に牛耳られてしまった。彼が時価三億と言われた第二撮影所を、一億で私有化した時も、彼が所謂「妾を女優にした」時も、僕らは何も言えなかったし、彼がセットに入って来て監督に千円札をくれれば、皆んなでソバを買ってごちそうになったものだった。『明治天皇……』はなぜあんなに当ってしまったのか、当時としてはシネスコ総天然色のスペクタクルはめずらしかったとか、天皇という不可侵のものを見る興味とか言われているが、一体あの映画の問題点について真剣にとり組んだ批評家がいただろうか？　僕の眼にふれた限りでは、どの評論もお茶にごし程度にしか書いていていなかった。僕の左翼の友人は「あの映画は民族の高揚を描いたから当ったのだ。

独立プロの作品はあまりに日本人をみじめに描き過ぎた。これからは我々も民族的高揚を描かねばならない」と言った。僕は真底そいつを軽蔑した。その頃日本の独立プロ運動は完全に挫折した。独立プロの人々も多かれ少かれ僕の左翼の友人と同様の考え方をもったからに相違ない。僕の考えでは『明治天皇……』は東映映画に代表されるような日本の娯楽映画の作られ方の延長線上にきっちりと乗っていた集大成映画だから当ったのである。『明治天皇……』の問題は毎週封切られる無数のプログラムピクチャーを解明することなしには語れないと思う。とは言ってもまだ割り切れないものが残る。そして『明治天皇……』がその年の映画サークルベストテンの四位になった時には僕の気持のチグハグはその極に達した。先日の「新東宝を守る夕べ」で映サの代表が盛んに大蔵のエログロ映画をけなして、これからは良い映画を作ってください、と大いに新東宝をはげましてくれていたのだが、『明治天皇……』こそ大蔵エログロの根であり、それをベストテンの四位におした会員をかかえている映サは、僕らと共同の責任、そして共通の問題意識をもつべきなのである。ともかく新東宝は『明治天皇……』によって当時数億だった赤字を一挙に解消し、そして大蔵はその後同じような大時代的センスの安物映画を作って行って、どれ一つとして当らずにジリ貧をつづけ、また数億の赤字を作ってしまったのである。『明治天皇……』の当りを偶然と呼ぶにはあまりにも必然な、複雑な要因が重なっている。僕らは単なる被害者ではない。

去年の夏、僕らが対大蔵闘争を始める頃、すでに新東宝の経理状態は非常に悪く、毎月二千万、三千万の赤字を出している状態だった。僕らはその原因を大蔵のせいばかりには考えなかった。やはり基本的には新東宝が東急資本(東映)と阪急資本(東宝)に代表される映画産業の独占強化、資本の激しい競争によってしわよせを受け、はみ出しつつあるのだという分析から出発した。そしてテレビによる映画産業斜陽論という考え方は、まけおしみではなく間違っており、敵の考え方であり、現状は日本映画界が自ら引き起した「不況」であるとのみ言うべきであると考えた。だから僕らは大蔵さえやめればすべてが良くなるだろうとは考えなかった。第一、大蔵という成り上りの前近代的な男こそ、日本の多くの中小企業経営者の一典型ではないか。これ以外に、労働者のためを考えてくれるような良い経営者などいるわけがない。むしろ大蔵がやめれば事態はもっと悪くなるだろうと考えていた。なぜなら、不況にまでドロ沼化した映画資本の競争場に更に大きな資本が注入されることはまずあり得ないことであり、ということは新東宝が市場からはみ出すスピードはますます早くなると考えざるを得ないからであった。しかし去年の闘争の間、組合員の中にも、また契約者(監督、俳優など)の中にも、大蔵に対する不満がそのまま大蔵の退陣要求として相当広く根強くあったことは事実であった。しかし大蔵がやめれば、もっと良い経営者が来るだろうということは幻想なのであり、この幻想を打ちやぶることが、組合にとって、闘う主体が確立出来るかどうかの境い目だったわけだ。

そもそも新東宝という会社は幻想から生れ出た会社なのだ。戦後の労働運動のピークであると同時に、文化運動の一つのピークでもあった東宝大争議の時に、ストばかりやっていないで映画を作って行くことが自由だという幻想をもった人々が集って組合を分裂させ、第二組合を作った。その後経営者の間でも抗争が起って、新東宝は別会社になってしまった。その頃からいる人は、今はほとんど係長クラスか契約者になってしまっている。しかしこの出生のいきさつは深く現在の新東宝労組の闘いにもかかわって来る。何しろ新東宝が出来た頃は、従業員組合の旗は緑だったというぐらい徹底した赤ぎらいなのだから、その後の歴代経営者に対しても、決定的に対決したことがなく、むしろ経営者にたよるという気分があって、大蔵に対しても、その独裁が限界に来た頃になってやっと本格的な闘いが始められたという〝はがゆさ〟も、こうした歴史と、その後に新しく入社した若い連中との組合内部での矛盾の姿を示すものなのであった。しかし僕らの労組が東宝ストの裏切り者としての戦後責任を負っていることは『明治天皇……』の件における僕らと映サの関係の意味と同じように、東宝ストの主流、第一組合にも共同の責任があるということでもあるのだ。対大蔵闘争のさなか、共産党の伊井弥四郎が激励に来て、選挙用が見えすく最低の演説の中で「明治天皇という映画、あれはクサッタ映画でありますー……云々」とやって、やたらにアジった時、若い組合員は自分達の手までクサッテいやしないかというような気持になって苦笑したが、東宝から来た連中は赤に対する反感を更に新たにしたのだった。やはり東宝ストの経験者で、今では組合の左翼化のために努力している熱心な活動家Tさんは、つぶやくように言っていた。「今日の演説聞いて、俺はやっぱりあの時東宝を脱退したことが正しかったと思うよ」と。僕はここでもこのチグハグさかげんに絶望的な気持をもったのだった。その後、今年の定期大会の時にも伊井弥四郎はやって来て「人工衛星の打ち上げをごらんなさい。資本家の科学に対して労働者の科学がいかに優秀かがはっきりしました……云々」と演説した。Tさんももはや苦笑していた。東宝ストのチグハグはまだ全く不分明なままになっている。一体誰がそれを明るみに出すのか。僕ら以外にはありようわけがないのだが……。ともかく僕らの組合は、対大蔵闘争に関しては終始大蔵を引きつけておいて、企業の体質改善を要求しつつ、画期的な二回の二十四時間ストで闘った。ところが大蔵は自己の私有財産を増やすことだけを考え、又背任横領の容疑がバクロされることをおそれて去年の十一月三十日に逃げ出してしまったのである。

大蔵がいなくなってから、残った重役や職制は明確な再建方針というものがないままに終始した。組合はさきに大蔵に提出していた「再建意見書」の線にのっとって、更に現時点における具体的な数字を含む「再建具体案」を出して他の五社と違った企画方針、月四本製作暫増、独立プロとの提携作品、人事の刷新などを提唱して行った。この時期に作品としては『かあちゃん』『私たちは天使じゃない』『地平線がギラギラッ』等、少なくとも大蔵時代には出来なかった企画を実現し、『不良少年』の配給を組合が主張して実行させ、『松川事件』の上映にも各県の実行委員会に協力する形で参加した。『松川事件』は東京の場合ほとんど全面的に新東宝系の映画館に上映される予定になっていたが、これは前売券についての国税庁の横ヤリ、又東宝系の館主の不協力によって流れてしまった。『私たちは天使じゃない』は看護婦ストの底流をつくものとして、医労協、総評、映愛連の協賛のもとに組合自身が前売券を出して動員に努力した。この作品は映愛連から特選をもらったが、出来ばえとしては今までの独立プロで作られた〝良心的な〟映画のまね、そのものであった。監督は新東宝の三輪彰だったが、脚本を外部の大御所新藤兼人に求めるという主体のなさ、僕らを含めて新東宝内部の創作陣の弱さが出て来てしまったのである。「新東宝を守る夕べ」で挨拶した三輪彰は今まで大蔵と共にエログロ映画を作って来た自己の責任を言って、これからは良い映画を作って行きたいとザンゲしたのだが、はたして僕らが作るべき良い映画とは何か、三輪彰自身『私たち……』がそれだとは思っていない。映サや批評家は新東宝のエログロを軽蔑し、『私たち……』のような〝良心的な〟映画をほめ、そして新東宝の労働者自身ロケ先でヤジ馬が「なんだエログロの新東宝か」と言うのを聞いて劣等感をもつのだが、悪いのは大蔵なのであって、僕らはエログロに対してコンプレックスを持つべきではないと思うのだ。僕らは過去大蔵時代に、数こそ少ないけれど、エログロを逆手にとった『東海道四谷怪談』『地獄』(中川信夫監督)という傑作なお化け映画を作った。ここでも僕はチグハグな気持に襲われるのである。

今年の三月になって、元東宝社長の米本卯吉や財界のあばれん坊鈴木一弘などの話し合いの中から現在の五人の重役が乗り込んで来た。米本は東宝で第一組合に対してレッドパージの首切りをやった当の本人である。ここでも又偶然ではない、チグハグなめぐり合せがやって来た。今度の経営者たちはほとんど映画については素人だし、それぞれおもわくも違うところから、勢力争いにあけくれして事態はますます悪化し、一ヵ月の支出一億以上のところへ収入は五千万程度にまで下り、僕らの安い賃金も一カ月半あまり遅配する中で遂に破局に追い込んでしまったのである。会社は六月十日、五項目の再建方針を発表したが、その骨子は製作と配給を分離して新会社とし、旧会社は八億に及ぶ債務の処理に当るというもので、この内容は、月二本を製作して他の系統に配給してもらう下請けプロダクションと、先細りが火を見るよりも明らかな配給会社を作るということであり、実質的には配給を切りすてる大幅な人員整理を伴う案なのである。そして会社はこの案を組合がのめば未払賃金を解消する。のまなければ一円の金も出さないし、企業は解散すると強迫して来ているのである。しかし解散すれば彼ら自身が損をするのである。要するに責任をとりたくない、楽をして自分達の勝手に出来るような小さな規模に企業を分割しようとする、不況時における資本側の常套手段をとろうとしているのである。組合はこの会社案に対しては全員雇用、遅配賃金の解消、製作配給部門の一体、一系統維持、を最低の線として必死に闘って行くわけだが、困難さが十分予想される。ともかく世は天下泰平のムードとレジャーブーム、ボーナス平均二割高などという欺瞞的季節の中で、現実の疎外進行は僕らを沈潜した絶望感にかりたてている。ともかく食えない。こうして池田内閣の意図する日本経済の再編成は、この僕らの地点で、そして多くの同様な中小企業の中で実現されようとしている。

新東宝の闘いは、どうしてこう、ますますどうしようもない状態になって行ってしまうのだろうか？　闘っても闘っても、僕らの意図とは逆に、結果は前より悪くなって行く。ともかく闘いあるのみ、闘えば何かが取れるといった伊井弥四郎式の主体ぬきの（アウトサイダーの）論理は間違っている。それはそうなのだ、もし今、他のある独占的な映画企業の中の労働者が、自分達の賃上げさえ取れればそれが勝利だと思って、新東宝闘争への連帯なしに企業内闘争をやっているとしたら、その一面をとって見れば彼らは映画資本の独占強化、ひいては池田内閣の再編成に協力しているのと同じなのだ。そうなる危険を常に自覚しつつ連帯して闘うインサイダーの論理を持つ人だけが、僕ら新東宝の闘争を助けてもらいたい。そうでない同情家の助けはかえって、僕らのチグハグを拡大再生産するばかりだ。それからもう一つ、闘わなかったらもっと悪かっただろう、或いは闘い方そのものがはたして十分だったのか、という論理がある。さかのぼって言えば、『明治天皇……』が当った後の大蔵独裁に対してどうして僕らはもっと闘わなかったのか、更に東宝ストを裏切ったという出生の結果が今日につながっているという、つまり戦後責任をつく闘いの論理は、それなりに正しいし、よくわかるのだ。しかし現実に雪崩のようにおしかぶさってくる抑圧を、僕らは少なくとも僕らの偶然の不幸――たまたま悪い経営者ばかりに乗り込まれたために起って来た不幸とは呼びたくないのである。偶然だったら不幸とも言えるが僕らの状況は偶然ではない。あらゆる必然が複雑にうずまいている。現在の日本で抑圧は拡大再生産されている。そして僕らにおしよせて来ている。つまり社会の壁は壁のようにじっとしてはいない。その壁はつきくずれ、ふくれ上りながら僕らに向って動いている。僕らは東宝スト分裂の責任を引き受け、大蔵と闘い、現経営陣と闘って来た。しかしそれらのものの背後にある、抑圧を拡大再生産している状況そのものが問題だ。僕らに対する同情者、そして汚れた手に対する真の連帯をもたず、景気よく叫ぶアウトサイダーの闘士たち、そしてしばしば僕ら自身が、その抑圧を再生産する状況を支えているのだ。その必然に対する怒りをどこまでも追って行きたい。

偶然は僕らの側にある。闘いを選ぶ偶然と、自殺する偶然との二つが——。

以上がXの手記です。

彼は弱く、破滅しましたが、彼はこよなく映画を愛しておりました。だから彼の執念は必ずや化けて出て、彼の手記に登場する敵、味方の人々、なかんずく私を悩ますことでしょう。この際私は男色をやめて、男になり切ろうと思っています。そして新東宝の再建闘争を更に闘いつづけて、近々製作再開された時には、彼Xを主人公に抽象化したお化け映画をぜひ作りたいと考えています。

（8）大宝映画と映画『狂熱の果て』

研　新東宝が倒産しても、山際さんが映画を監督できた経緯をお聞かせください。

山際　新東宝から別れて大宝という配給会社ができました。石井輝男監督と何本も組んだ佐川滉プロデューサーが大宝で作って元の新東宝系だった映画館で封切ろうと言うのです。ぼくは即答で監督やりますと。

誠　それはよかった。大宝はほかにどんな作品を？

山際　大島渚の『飼育』（一九六一年）を配給している。

研　山際さんのデビューは松竹ヌーヴェル・ヴァーグの大島渚に次ぐくらいの若さです。

山際　ぼくより先輩の助監督はたくさんいましたが、会社が興行的にピンチのときは、安いギャラの若者のチャンスです。

研　一九六一年公開の山際さんの監督デビュー作である『狂熱の果て』は六本木族の破滅的青春を描く作品で、長いあいだ、フィルムが失われていましたが、最近になって見つかり、二〇一八年二月、京橋フィルムセンターで上映されて、多くの観客を集めました。

誠　久しぶりに見たわけですが、藤木孝がトランペットで「君が代」をジャズ調でからかうように吹くところは、いま見てもしびれますね。松原緑郎の不良学生も雰囲気がある。ふたりとも後年、テレビや映画で仕事をしましたが、とにかく若くて、この時代の雰囲気がよく出ている。

編集　この映画を鑑賞したあと、足立正生さんにお会いしたのですが、日芸の学生時代、見学に行ったら、第四助監督にされてしまったって。映画に出てくる「アウシュビッツ遊び」ですが、本当にあったんですかと訊いたら、あったって言うんですけど、ホントですか？

山際　それは足立さんのホラです（笑）

誠　いまだとDVDにするとき、あの場面がネックになるかもと言っている人がいました。

研　大学で映画をテキストにするときも、政治的・性的モラルの縛り付けは本当にきついです。こちらはデカダンス（頽廃美）を知ってもらいたいと思っているのですが……。

山際　「君が代」にしても「アウシュビッツ遊び」にしても、逆説が通用しない社会になってしまった。共同脚本の山田健か、あるいはぼくが思いついたアイデアで、昔は逆説を面白がっていたのに。

研　秋本まさみという女性が原作ですね。

山際　彼女の日記みたいなものです。何月何日に、六本木のレストランで遊んだとか。

研　若者たちのモデルや俳優の所属先など、渡辺プロが関係していますね。

山際　渡辺美佐さんが野獣会というのを作って、新人をテレビに売り込みたいのだが、まず映画でというプランがあってね。佐川滉さんはそれに乗ったんです。

誠　ぼくの映画に出るようになった大原麗子や峰岸徹もいたよね。

山際　六本木の野獣会は何期かあって、彼らは少しあと。売れた人も売れなかった人もいますね。六本木族は太陽族みたいに自然発生ではないのです。

誠　主演の星輝美は渡辺祐介監督のデビュー作『少女妻・恐るべき十六才』（一九六〇年）に出ていて、ぼくたちの仲間でも人気がありました。

研　封切り当時の映画館での雰囲気は？

山際　歌舞伎町の地球座。大塚、蒲田の場末の映画館でやっと上映されました。満員だったけど、上映館が少ないので、さみしい思いもしました。佐藤重臣が「映画評論」にシナリオをのせて、ほめてくれましたが、それを読んだ人が映画を見ようとしても映画館ではもう見られないわけで……。

誠　「映画評論」を読んだ東映の助監督たちが山際さんを呼び、上映会をやった。先日のフィルムセンターの上映会にも当時、評判だけ聞いて見そこなった梶間俊一監督たち、早稲田の映画研究会の連中や、愛媛から青野監督も来て、第四助監督だった足立さんがビールをついでまわったりして、打ち上げまで盛り上がりましたね。

研　なぜ一時、フィルムは失われ、今回、見つかったのか、お聞かせください。

山際　二〇〇五年頃からかな、『狂熱の果て』のフィルムを探しはじめました。権利関係では新東宝作品はすべて国際放映に移っていますが、大宝作品は行方不明でした。佐川プロダクションも滉さんが亡くなって、もうないのです。ネガフィルムはふつう、現像所が預かる。なぜ預かるかというと借金のカタみたいなもので、これで商売できるからです。『狂熱の果て』の現像は当時の東洋現像所だったので、現在のイマジカに問い合わせたら、ありませんと言われてしまいました。

誠　でも、あきらめなかった。

山際　目黒にソニーＰＣＬという会社がありました。二〇〇二年に現像はやめたのですが、自主映画や16ミリ作品を中心に二千本もの所有者不明フィルムのストックがあった。それをフィルムセンターが「仮置き」というかたちで預かり、とちぎあきら氏たちが発見してくれて電話をくれました。大宝関係者が誰もいないので、完全な「オーファン（孤児）フィルム」だったのですが、著作権は監督のぼくに戻ったとみなされて、センターに正式に寄贈されました。上映したいときはフィルムセンターに「蔵出料」を払わなければならないのです。

誠　監督に著作権が戻った珍しいケースですね。

研　ＤＶＤ化するとしたら、『帰ってきたウルトラマン』の代表作なんかと一緒にすると面白いですね。

山際　ウルトラマン関係はまだ大勢のファンがいますからね。さいわい、神戸の映画資料館が『狂熱の果て』と合わせて、山際永三特集上映をやってくれるそうです。

誠　ありがたいことですね。デジタル化しても原版が目の届くところにあるといい。

山際　先日、上映した『狂熱の果て』を少しでも当時の狙いに近づけたくて、大阪のイマジカウエストに行って、焼き度修正をしてきたところです。孤児になっていた『狂熱の果て』を五十数年ぶりに見ると、いかにもテーマ主義で、古い撮影所で作った映画ですが、青春を謳歌するという発想を否定し、敗者への共感といったものを押し出している点は、私らしいと思います。

論評(3)「シナリオ」誌　特集・現代の青春

欲ばり青春論　(山際永三)

僕が去年『狂熱の果て』という〝青春もの〟を作ったことから、第十二回シナリオコンクール応募作品のいくつかをめぐって、青春について書け、ということになったのだが、僕は自作において青春を描きたいと思ったが、青春の論理は否定したいと思った。その撮影に入る前にシナリオを批評してくれた或る友人から「青春というものには、どうしようもない、いらだたしさのようなものがあるんだが、早くして結婚した君にはそれがなさそうだから、どう演出するのか」というようなことを言われたが、確かにそのいらだたしさの感覚を、結局のところどのような青春のエネルギーとして示し得るかが僕の課題だった。だが青春特有の論理を否定しつつ青春の感覚を十分主張し得るテーマとして形象化することは、意外に困難な作業だった。ともかく一言に言って青春否定の青春という欲ばりが僕なのである。

青春の論理といったものは、青春のエネルギーの自己主張、想像力、或いは否定精神の大きさから、〝すべてか、しからずんば無か〟という姿勢を貫く近代的な発想として、ずいぶん古くからあったと思うが、青春のあり方そのものは、その必然と偶然とを含めて、どんどん変って

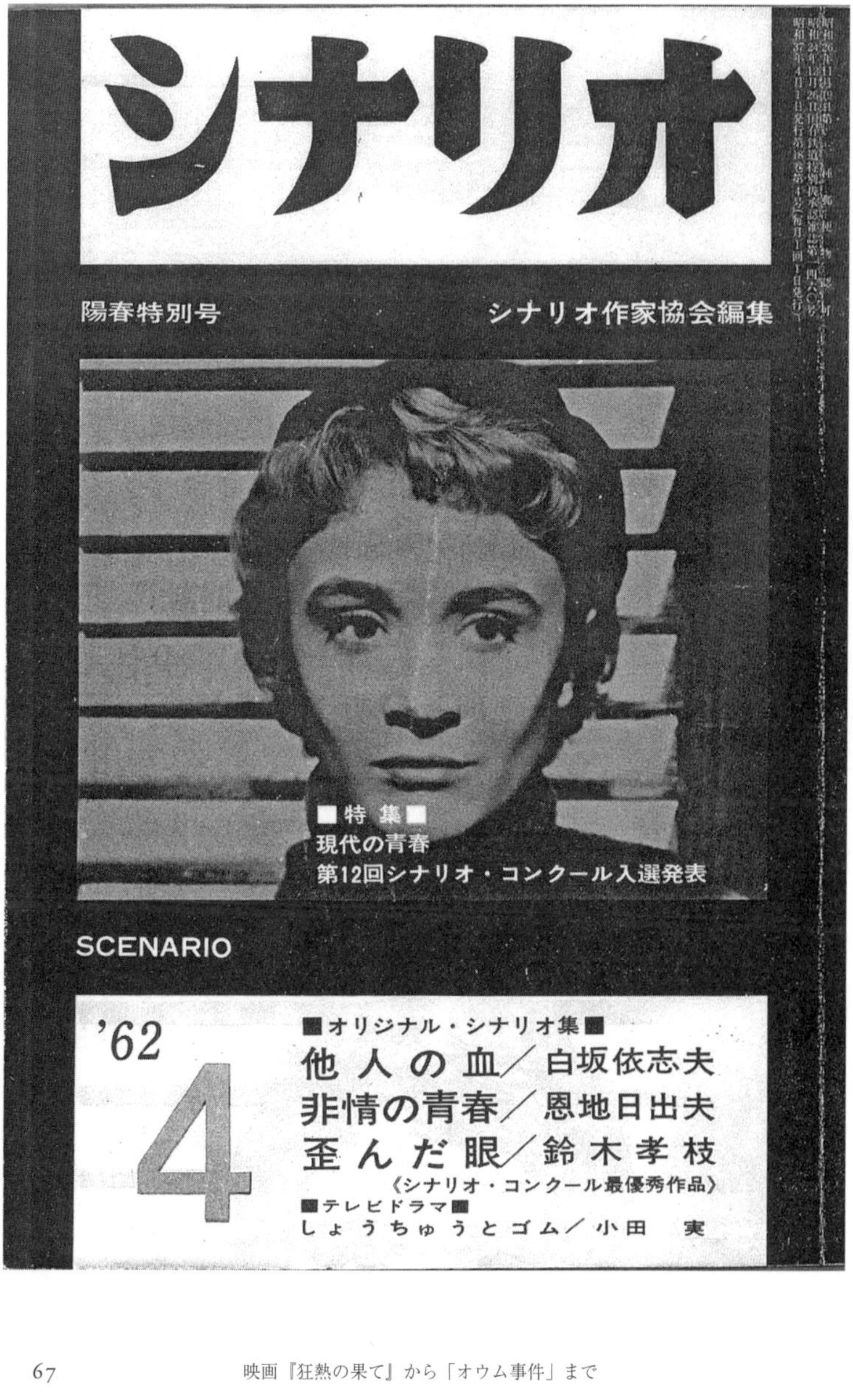
シナリオ
陽春特別号
シナリオ作家協会編集
昭和37年4月1日発行第18巻第4号（毎月1回1日発行）
■特集■
現代の青春
第12回シナリオ・コンクール入選発表
SCENARIO
'62
4
■オリジナル・シナリオ集■
他人の血／白坂依志夫
非情の青春／恩地日出夫
歪んだ眼／鈴木孝枝
《シナリオ・コンクール最優秀作品》
■テレビドラマ■
しょうちゅうとゴム／小田　実

行くのだと思う。そして炭坑で現に斗っている大正行動隊の中で、同志の妹を強姦して殺すというような青春もあるし、六本木で遊んでいる青春もあるのだ。その両者を並列する次元で炭坑側に身を置けば、青春なんてこの相対平和ムードにおける体制側の余裕ある連中のタワ言だときめつけることも出来るだろう。確かに炭坑の青春は青春の論理などという理屈(言いわけ)のないギリギリのものだし、太陽族から所謂停滞論に至る、むしろその次元で安易に青春を失って行く傾向の中に、タワ言ときめつけられるべき現象があったことは事実だ。しかし作家の主体が介入する次元では、もっと一般的な、本質的な展開によって、現代の青春をとりあげることこそが体制への批判、斗争そのものになり得るはずだと思う。そしてこの芸術的課題としての一般化というくせものに、作家が主体を失う危機もひそんでいると言えよう。その抽象化の過程で事実「狂熱の果て」もパターン化をまぬがれ得なかった。

戦後がもはや戦後責任を問うことなしには考えられなくなった時期にやっと、日本映画では戦後のオリジナルな青春をとらえた作品が現れはじめた。(これも今からすればだいぶ以前の話になってしまったが)その代表的な作家は増村保造氏だった。増村氏は環境を否定して人間を主張し、感情移入を拒否して、その日本と西欧を対比させる社会意識によって現実を告発した。その出現は、戦前から続いたおしつぶされることのみ多かったみじめな青春の絶望や希望の心情を全く自然主義的にとらえることによって、その環境を批判することしかなかったそれまでの日本映画にとって画期的な表現となった。そしてそれは現実の戦後派世代が青春期にまで成長した時期と対応していながら、同時に方法論の変革を企図するという、非常に困難な必然だったのだ。つまり環境を優先させる決定論の袋小路を打ち破ることによって、躍動する青春のエネルギーに対立する壁は動くようになったが、その壁がむしろ青春の側におしかぶさるようにしてふくらんで来た時、増村氏は青春をその場に投げ出すか（「巨人と玩具」）気ちがいにしてしまうか（「偽学生」）しかなかった。（むろん僕らはそれに感動したのだが）そうした戦後の青春の謳歌から絶望に至る振幅の中で、増村氏と同じ頃に出た新人たちの多くは、巨大なメカニズムにまき込まれる現代人一般といったイメージで、シニックな近代主義の限界をあらわにし、もっと安直には〝大人にはわからない〟式の、それは大人の眼から見た青春のひっくりかえしにすぎないセンチメンタリズムにおち込んで行った。増村氏自身、自然主義とのくされ縁を完全にたち切ることが出来ずに低迷することになる。自然主義クソクラエというわけで、現実の壁を何とかして傷つけるべく、青春の野獣をイメージ化した白坂依志夫氏は、否定的な欲望の論理に可能性をはらみつつも、そのアナーキズムの故にどんな非情の仮面をかぶっても、〝すべてか、しからずんば死か〟という形で、伝統的な（日本的な）青春の論理の典型的な代弁者となってしまっている（「野獣死すべし」）。そうした近代主義を否定して、現実の壁を作家主体の状況としてとらえ、人間の政治的にも、生産関係においても、あらゆるコミュニケーションにおいて疎外されている姿を見通そうとして、戦後映画史に新しいエポックをもたらしたのは大島渚氏たちだった。大島氏は青春を挫折として描いて現実の政治を告発した。それは山本薩夫氏たちのような、良い政治と悪い政治に分けて発想する自然主義を技法の上から否定し切ったし、増村氏の言う〝人間〟に対してもう一度疑惑を投げかけた。青春の行動の契機を単なる性欲とか愛情とか合理主義とかで説明することをやめ、むしろ非合理な怒りとして青春そのものに状況を背負わせた。それはフランスのヌーベル・バーグとも呼応する形で新しい映画運動の意識に根をおいていた。以上のような戦後映画史における戦後の青春のとらえられ方もすでに歴史となりつつあるし、種々なパターンも出来てしまっている。そして増村氏にも、大島氏にも、僕らにも新しい課題が当面している。

シナリオコンクール応募作品の中から青春を描いたものとして八本を読ませてもらったのだが、一見したところそれらは、今までのパターンを受け継いでいるようにも思えるが、映画史的な意味でそれを受けとめ、更に乗りこえて行こうとする方向はほとんど感じられない。シナリオのうまさを別にして、本質的な点では増村氏出現から今日までの映画史がすっぽりと脱落しているようにすら思える作品が八本のうちの四本である。そして大半の作品に普段から僕が、昭和十年前後生れの（僕らよりもう一世代若い）戦後派に屡々感ずる意外な古さに共通するものを発見した。

僕が一番面白く読ませてもらったのは、福岡彰夫氏の「黄色い盲いた犬」である。これは他の七本とは全く違った方法意識をもって書かれており、映画史を感じさせる、唯一の作品だった。椎名麟三と堀田善衛と大江健三郎を、A・ワイダ調で表現したようなシナリオで、特にそのシーン毎に、又シーンの中でも飛躍するイメージや、人物の視線の動きを適確に映画的にとらえている点、決してそれらの単なるエピゴーネンとはきめつけられない、作者の内的なモチーフが感じられた。青春というものを、何か人間性一般をおしつぶす、社会環境一般への抗議といった、状況論以前の、いわば風俗的な方法でとらえようとする他のシナリオと違って、この作品は常に具体的な政治をクローズアップしながら、その政治に絶望した主人公が〝完璧な瞬間〟を求めて生きぬこうとする姿に青春を集約しようとしている。本格的に現代の青春にとり組んだという意味と方法上の新しさにもかかわらず、やはり不満は残る。この作品を読んでいてまず頭に浮んだのは「灰とダイヤモンド」をめぐる花田清輝氏と武井昭夫氏の論争であった。花田氏は「無邪気な絶望者たちへ」というエッセイにおいて「灰とダイヤモンド」の作者は、主人公であるテロリスト青年を青春のナルシズムで描き、その死に対して、惜しみない慟哭の涙をそそいでいるとして、花田氏一流の青春否定論を書いたのである。確かにその頃僕らの周囲で昭和十年生れの戦後派が「灰とダイヤモンド！　いかすねえ、あの身をよじらせながら死ぬラストシーンなんか、グッときちゃったなあ」などと言っていたことからすれば、花田氏の指摘には大いに耳を傾けるべきものがあった。それに対して武井氏は、そうした〝うじゃじゃけた讃美論〟を否定しながらも、ポーランドの歴史からえんえんと説きおこして、主人公の存在の必然をあらゆる角度から論証し、作者はその主人公に完膚なきまでの批判を下しているのであり、それこそがワイダのゴムルカをバックアップする戦後意識なのだとして花田氏にくってかかったのである。論争としてはクルーゾあたりにいかれている花田氏に比べて、映画史的論理をふんまえた武井氏の主張に説得力があったのだが、武井氏が「マチェックが燃えつきたあとに、その灰の底に、はたしてダイヤモンドの結晶が残るであろうか。わたしは否と答える。ワイダも同じくそう見ていると確信する」と書く時、確かにワイダもそうには違いないと思うのだが、はたしてそれでいいのか、挫折すべくして挫折した青春の灰を示すことだけでいいのかという疑問がわき起ってくるのをおさえ切れなかった。武井氏もワイダも状況を正しくとらえていることはよくわかった。しかし状況に対して青春がどのような責任をとったかを告発し、その灰を糾弾するからには、作家の内部においてどのようなイメージが用意されているかが問題にされねばならない。そうした裏側に用意されたものが、ワイダの場合やはりダイヤモンドであることは武井氏も認めている。「この作品でワイダは青年のエネルギーは、あとにかたいダイヤモンドの結晶を残すように燃やせと、ポーランドの青年に対し、ポーランドの政治に対して問題をなげつけているのである」と。ここにも〝すべてか、しからずんば無か〟といった青春の論理を認めざるを得ない。そして僕は武井氏のテーマ主義に反撥したのだった。今「黄色い盲いた犬」を読んで、主人去の絶望の質と方向、そして作者はそれをどのような目で見ているかということになると、多分に作者の青春の論理への甘えがうかがえるし、状況のとらえ方そのものにも問題があると思うのだ。この主人公は活発な学生運動の活動家だったのだが、反安保斗争以後急に挫折して〝結局自分達日本人が、このせまい島の上で泣き叫んでみたところで、アメリカとソ連が戦争を始めても、それを抑えることは出来ないのだ〟と絶望することになる。そして新聞にラオスやベルリンの緊迫が報道される毎に、なおその絶望を深めて嘔吐し、自殺しようともする。彼に対立するものとして学生運動の先輩が現れるが、これはあまりに公式的で甘く、ドラマの中で彼の絶望そのものへの対立には凡そなり得ない。むしろ彼の周囲の、何かと言えばすぐ乳房を露出して彼と寝たがる女たちや、バカらしいほどウブな数学科の学生などと共に、主人公にとって嫌悪を倍加させるものにすぎない。かくして彼は絶望街道をまっしぐらに走ることになる。そして政治というものは過去の反安保斗争の他には、毎日の新聞のインサートとしてのみ現れる。(このあたり全くセンセーショナルで、この新聞が喜劇的な怪物として扱われればもっと面白くなるのだが)こういうぐあいに見てくると、この主人公は政治に絶望したようなことを言っているが、反安保斗争などの政治を、ただ単に米ソの戦争をいかに防ぐかという側面からしか見ず、あらゆる反戦斗争と階級斗争とがわかちがたく結びついているのが今日の政治である点を知らずに、政治に夢を求めていた男なのだということがわかってくる。ところが作者は、その甘く絶望し、甘く生きることを選んだにすぎない主人公が、ラストでは〝完璧な瞬間を邪魔されたくない〟とか言って、精神薄弱の子供(「かあちゃん」の一言しか言えないというのは面白いが、ちょっとセンチ)を連れて下宿を出て行こうとするのを、狂乱したバカな数学者がナイフで刺す、ということにしただけで、彼の〝絶望〟

とか〝完璧な瞬間〟それ自体には何の批判も加えず、むしろその彼に惜しみない共感を与えているのである。絶望の予見と猶予の中での〝完璧な瞬間〟——つまりは青春の論理である——などというものは成り立たないのだということを徹底的に自覚する過程を描いたのはサルトルの「嘔吐」だった。

もう一つ直接政治を扱ったものに根本繁行氏の「片棒かつぎ」があった。選挙にからんでその違反の片棒をかついで逆に金をゆすろうとする〝青い野獣〟と組合活動家の友人、そして恋人の社長秘書といったおぜんだてである。菊島隆三氏や白坂依志夫氏がすでに何回となくくりかえしてきたパターンのまねである。きまじめに働く者の団結を信ずる一方の旗がしら、それに対立する形で汚れた手をとりながら個人の可能性を信ずる一方の野獣——そのどちらをも大きくのみ込み挫折させながら成長して行く強大なメカニズム……云々。そうした論理ではいかに社会権力の非情を見せたとしても、絵にかいた鬼をなぐっているようなもので、状況そのものを傷つけることは出来ないと思う。その野獣と組合活動家がなぐり合いながら、お互いに泣けてくる友情などを描いているところを見ると、いよいよつまらなくなる。なまじっかな社会批評などにしないで、主人公の強烈な欲望そのものを徹底的に追いつめて行くならば、この種の〝野獣もの〟パターンの路線にも可能性があるはずだと僕は考えている。それに似た点で大きな成果を残したのは吉田喜重氏の「甘い夜の果て」だったと思う。吉田氏は徹底的にコミュニケーションを断絶させられたちぐはぐな意識ばかりを設定して、そのうず巻の中で強烈な脱出欲にもえる主人公が欲望をもやしている間は青春(反体制的)だったものが、そのうず巻から自らを脱出させた瞬間において青春を失い、権力の側につくが、偶然が彼を挫折させる姿を描いて、疎外の現実をはっきりバクロしていた。

鈴木孝枝氏の「歪んだ眼」。このシナリオはたくみな構成で、所謂優等生的青年の誠実さの裏にかくれた虚偽をあばき、一方その誠実さを疑おうとしない権力者や大衆の権威追従をも批判しようとしているようだ。テーマは一応アクチュアルだし、まとまった空間と時間の処理もうまいのだが、現代の青春像としてはもう一つオリジナリティの稀薄を感じさせる。主人公の青年は常に相手から好感を得られる接し方を意識的無意識的にしていて、そのすばやい計算の仮面と、その裏にひそむ彼の孤独な悪意との交錯が、映画になった場合特に面白いところだと思うのだが、その彼の孤独が〝家庭の不幸〟〝矛盾した政治の落し子〟という形で説明され、好きな女の愛を得られないためとなってくると、因果関係がわかりすぎて説明の範囲内のドラマ以外にイメージがふくらんで行かないのである。ストーリーテリングのうまさとしてシナリオ自体が優等生的なのであって、主人公はあくまでも彼の犯した法律的な悪(偽証・殺人)によってのみ批判されるだけで、彼自身のゆがみとしての優等生ぶりそのものは批判されずに残ってしまうのである。従ってラストで彼がアメリカに行ってしまうというのも、要するに彼がうまくごまかしたということであって、その彼を模範少年と思い込んでいる社会の権威や大衆自体も批判されずに無傷なのである。これは作者の内部に、本当の(うそをつかない)模範少年ならばいいという逆のイメージが用意されているからなのであって、このシナリオも又一種の「野獣死すべし」のパターンの中でむしろ後退していると思う。

次に梶原賢三氏の「絶叫」だが、この作品は、戦後パンパンになった母親が、黒い混血の弟を生んでしまったために、それを憎みつづける男が中心に書かれている。その男は、母親の客になった黒人兵を刺して刑務所に入ったり、献身的な愛情をもってくれる女と同棲してもあきたらず、バーの女と寝たり酔っぱらったりしては、すべての人間にあたりちらすのである。母親が自分たちの不幸をみんな戦争のせいにするのを、その男は怒って、「戦争で男を失った女は何万といたんだ。その女が全部パン助になったかよ！　おまけに黒んぼまで産みやがって……」とわめく。それまではいいのである。ところが作者はその男のことを女に「打算もないし、ごまかしもない、それだけにいじらしいのかも知れない……美しく、とてもいい人……」といわせるのである。結局作者は戦争のせいだと説明してみても、なお解決出来ないものを見つめようとしてはいるのだが、その裏側にはあくまでも美しい単一の人間性といったイメージが用意されている。混血の弟さえいなかったら、母親がパンパンにさえならなかったら、戦争さえなかったら……そこには〝幸福な家庭〟があり得たはずだ――これこそ青春の論理の恥部である。だからこのシナリオの随所に見られるだいぶセンチメンタルな人物の行動の契機は、それ自体としては別の方法論の中では適用し得る場合もあるとしても、根底に流れる作者の論理は全く不毛であり、いくらラストで原水爆禁止のデモを出したりしても、作者は何も主張していないのと同じなのである。なぜならば〝家庭の幸福〟などという単純な夢想は、どんな場合でも成り立たないということであり、そうした人間性一般に対する疑問、否定こそが状況論の前提であり、それが戦争という現実にいやがおうにも当面させられた第二次大戦後の我々の大衆的な現実なのである。従ってこのシナリオの主人公のような青春は決して美しくもなければいじらしくもないのである。おしかぶさる状況が彼を徹底的に疎外する中で、ぐしゃぐしゃにふみつぶされて殺されるか、あるいは反逆して母親を殺すかの挫折に至るか、さもなければ別の生き方に変って行くか、そのあたりに作者のオリジナルな視点がその存在理由を主張することになるのである。

脇坂利成氏の「少年の牙」というシナリオも「絶叫」と同様に主人公の出生以来のコンプレックスをドラマのてこにしている。地方の高校の話で、私生児のコンプレックスをもつ主人公が、いつも与太学生にいじめられているが、逆に反逆して相手を殺そうとして出かけて行った時、その相手はすでに殺されており、それをやったもう一人の男も死んでしまう。ラストで主人公は「さよなら、もっとよく考えてみるよ」とつぶやく。いよいよ走ろうとする時に安全地帯にのりあげてしまった車のように、何かもどかしいしめくくりである。ここで描かれている少年の内部は、ただ単に外界に対立するだけの、その意味で正に古くからの青春の内部であって、外部と内部がまぜこぜになった現代の状況の中の人物ではないのである。だからこのシナリオはそのまま物語を大正にうつしかえても十分通用するほどリバイバル調でさえある。これが何か新しく日常性を見直す眼であるかの如くに、若い作者の手で書かれるということは、文学の面でも例えば三浦哲郎の「忍ぶ川」などにも見られる現象であって、これまた最近の青春の論理の特徴的な表現なのかも知れない。

蘇武道夫氏の「夜は駈け足でやってくる」というシナリオで、〝セックスしてる時が最高〟というようなドライな女主人公が、男の一人と心中する場面にこういうセリフが出てくる。「努力して家庭をきづき、子供を生んで二人でやがて老いて行く。それを全てあった事として、今死んでしまっても同じじゃないか、この最高の瞬間に死のうよ」。これまた、〝家庭の幸福〟のイメージがひっくりかえされて根深く前提とされながら、エネルギーの発散、そして虚脱、絶望といったパターンをもち込み、かつ作者としてはその絶望に徹底するのでもなく、又しても主人公は生きつづけて行くというラストを設定することによって青春の論理の円環をみごとに完結させ、この作品が青春を遊んでいるにすぎないことを示している。ちなみに、この〝だが主人公は生きつづける〟というパターンは、昭和十一年の溝口健二氏から今日の恩地日出夫氏に至る、青春映画のラストシーンの伝統的なパターンである。戸田広介氏の「青年の波止場」は神戸の港湾労働者である三人の青年と二人の娘の間に、それぞれいり組んだ形で交錯する恋愛を、ロレンスの「息子と恋人」をおもわせるような具体的なリアリティでとりあげているのだが、酔っぱらってなぐり合って別れてしまうといったラストをはじめ、全体に作者の観念による主張が弱いのである。この作品における青春は健康だ。それは家城巳代治氏の作品におけるような、おしつけがましい健康さではないからずっといいのだが、やはり日常的な社会と個人に低迷しているようだ。渡辺道子氏の「ビルの中の娘たち」は、ＢＧ問題の細密なルポルタージュをそのままシナリオにしたような作品である。ＢＧ風俗の羅列の中から、やや幸せそうな二組のカップルが出来たところでしめくくるラストなど、又しても〝家庭の幸福〟をてこにした現状批判なのである。

以上が、僕の〝青春の論理〟憎いがあまりに、自作を夕ナに上げての多言贅言だったが、最後に「狂熱の果て」の自己宣伝を少しやらしてもらって早々と退散することにしたい。「狂熱の果て」ではやはり種々なパターンにおち込み、それを援用しながら、青春の論理をロマンチックな男のエゴイズムあるいはファシズムとして出して来てそれを否定し、現状に対して曖昧な不満をいだいている女主人公の現実否定、自己否定のエネルギーがふくらんで行く姿を示したいと思った。それを、前述した「灰とダイヤモンド」でやられていたような形で、青春の挫折を示してこれこそが現代の青春だと主張し、主人公の責任を断罪しながら状況を告発する方法ではなく、青春の挫折のあとで何かが変ったとすればそれこそが、青春の論理なしの青春ではあるまいか——つまり〝すべてか、しからずんば無か〟ではない、〝ベストではないベター〟を、〝闘えないものの闘い〟を主張して、その方法が抑圧を拡大再生産することしかない今日の状況との闘いでどれだけの意味をもち得るかを見たかった。だが出来上った映画には、それらのねらいが、いわば負のエネルギーとして、全く不十分にしか出し得なかったようだ。だが僕は僕流の青春に対する欲ばりを今後も続けて行くつもりである。

(9)子どもの世界へ

研　大宝がなくなり、山際さんの所属先は国際放映となります。当時はどんなことを考えていましたか?

山際　唐十郎の紅テントに入れてもらって、俳優にでもなろうかと思っていました。で、しばらく遊んでいましたが、テレビ番組を製作しはじめていた国際放映から「子ども番組か刑事ドラマを撮ったら」と言われ、刑事が犯人をつかまえるのが嫌いだから、子ども番組を中心にやることにしました。

誠　山際さんの本を作るために、当時は見ていなかった「ウルトラマン」シリーズを「ファミリー劇場」(主に日本のテレビドラマ、アニメ、特撮などを二十四時間放送する専門チャンネル)の再放送で見ているのですが、劇中で降らせる雨の量なんか、すごいですね。いま、「キネマ旬報」の星取りの連載をしていて外国映画の怪獣モノも見るのだけれど、彼らは日本の怪獣モノをよく見ており、敬愛しています。S・スピルバーグ監督の『レディ・プレイヤー1』(二〇一八年)の原作、アーネスト・クラインの『ゲームウォーズ』(二〇一一年)にはウルトラマンも出てきます。『パシフィック・リム』(二〇一三年)シリーズなんかでも、製作費がたっぷりあるから、東京が舞台になって、怪獣が出てくるセットの建物がしっかり作られている。日本の美術スタッフは、これだけの予算があったらと、くやしいでしょうね。
山際　特撮カメラマンの佐川和夫さんからは怪獣の喜びそうな、特徴のある建物や橋をロケハンしてきてよとよく言われました。撮った写真をもとにミニチュアを作るのだからと。「ウルトラマン」シリーズを作ることをきっかけに、ロケハンの重要さを改めて学びました。
研　今回、録画したＤＶＤであらためて見た山際さんの作品の子役たちは、それなりの悩みはかかえているんだけど、見た目は明るく、やんちゃで、ぽっちゃり体形の子が多い。テレビに出るからといってダイエットなどしていないでしょう。
山際　ダイエットなんかする、ぎすぎすした子は主役にしませんでしたね。
研　ところがストーリーに関しては、小学生にはいささか難しく、むしろ大人の鑑賞に充分たえられるもの。子どもに付き合いながら親のほうが見入ってしまったのでは。
山際　ぼくの監督した子ども番組の最初は『チャコちゃん』シリーズで、一九六四年から始まります。子どもの演技ということでいえば、当時、警察の指導で、子どもは道路の右側を歩かなければならないなんて言われていたけど、ぼくは、子どもは右・左に関係なく好きなように歩けということでいきました。子どもに塀の上を歩かせたこともあって、プロデューサーは困っていたけど、子どもは高いところに登りたいじゃないですか。
物語が大人っぽいのは、当時の児童文学の流れに共鳴しているというか、連動しているというか、要するに子どもだって大人と同じような欲望とか恐怖とかの感情があるじゃないですか。それをないことにしたテレビドラマは作りたくない。「子ども」を「子供」と書くのはよくない、「子ども」と書こうという時代の流れがありましたね。

研　連動した児童文学者って、たとえばどんな人ですか?

山際　『浮浪児の栄光』の佐野美津男やカバゴンの愛称で親しまれた『現代子ども気質』の著者阿部進、『サムライの子』の山中恒といったところです。山中さんは『チャコちゃん』か『コメットさん』でシナリオも書いている。佐々木守さんもそのほうです。最大公約数として、反「生活綴方運動」(生活者としての子どもや青年が、見たり、聞いたり、感じたり、考えたりしたことを、事実に即して具体的に自分自身のことばで文章に表現すること、またはそのようにして生み出された作品を「生活綴方」といい、こうした作品を生み出す前提における指導、文章表現の過程における指導、作品を集団のなかで検討していく過程での指導、これらをまとめて「生活綴方の仕事」「生活綴方教育」あるいは単に「生活綴方」という。この生活綴方の仕事を発展させ、その普及を図ろうとする民間の教育運動)の流れと言えます。

誠　守さんは明治大学の学生のころから児童文化に取り組んでいた。日本最初の英語教師ラナルド・マクドナルドを主人公にしてぼくが書いた児童読物『インディアン日本をめざす』(小峰書店、一九七七年)を気に入って、その映像化を考えてくれたんだけど、話のスケールが大きく、金がかかりすぎて、実現しませんでした(笑)

(10)『コメットさん』

研　『コメットさん』(一九六七〜六八年)は地球に落ちてきた九重佑三子のコメットさんがパパ、ママ、二人の男の子の家庭に住み、魔法を使って、周囲を幸せにするという物語で、人形アニメも盛りだくさんに使われています。

山際　ディズニー映画の『メリー・ポピンズ』(一九六四年)がもとになっています。この作品でTBSのプロデューサー橋本洋二、脚本家の市川森一と初めて組みました。一、二、三トリオと呼ばれたりして。

研　トップバッターとして、第一話「星から来たお手伝い」をお撮りになっていますね。最初はモノクロでした。

山際　地球に落ちてきたコメットさんがわけの分からないことを連発するから、精神病院に入れられるでしょ。いまだと、こんなオープニングでは放映できないかも。シナリオを書いた佐々木守もやはりよそうと言ったんだけど、ぼくは押し切った。当時はそれだけ、監督に自由があったんです。

研　全七十九話という長さも、テレビの成長期、あるいは模索期だったと思うのですが、二十話でモノクロからカラーに変わります。それは嬉しいことでしたか?

山際　予算が増えたなとは思ったけど、特に感慨はなかった。

誠　いまやモノクロで撮るほうが高くなる（笑）

研　これも山際作品ですが、第四十九話「空へ飛んだ自動車」からは、太っちょの兄弟は変らないんですが、ママ役が馬渕晴子から坂本スミ子へ。パパ役が芦野宏から伊丹十三へ変わります。

山際　番組のテコ入れにキャスティングを変えることは当時、よくありました。逆に俳優が舞台などで忙しくなって、テレビを降板するなんてこともあります。

研　伊丹十三は『ヨーロッパ退屈日記』（一九六五年）などをみても才気走った人。山際さんとはお互い若いし、緊張する場面もあったのでは？

山際　演技に関しては、若き物理学者というインテリを自然に演じてくれて、さすがでした。ただ、最後の方の「いつか通った雪の街」になると、脚本の市川森一がクリスチャンだから原罪意識を作品に取り入れて、伊丹さんから子どもには難しい話ではないかと言われて驚いたことがある。

研　クリスマス・イブにコメットさんと一家が『不思議の国のアリス』的迷宮に迷いこむ作品で、山際さんはのちに『ウルトラマンA』でも、孤児院のクリスマス・イブを素敵な雰囲気で描くことになる。でも意外ですね、伊丹さんは、子どもにお子様ランチなんか食わせるな、大人の味覚を教えなさいという感覚の人みたいなのに。

誠　子ども番組といったって、出演者以外は、みんな大人だもの。議論くらいはするさ。

研　では、スタッフとの関係は？

山際　ぼくと長く組んでいたカメラマンが、実相寺昭雄さんの組をやって、本当に楽しかったなんて言うので、嫉妬したことがあります。

誠　ぼくなんかそれとは別に、飯村雅彦カメラマンと超低予算の『ネオンくらげ』（一九七三年）を撮ったりすると、田坂具隆監督や今井正監督といった巨匠のときとは違って、のびのびと手持ちのカメラワークもして、それがまた巧いのを発見しました。

山際　『コメットさん』のときは、旅館で助監督たちと合宿をして、酒を飲みながらシナリオの検討会をやりました。助監督のなかには足立正生さんの仲間もいた。

誠　テレビの場合、そんな合宿のための予算があるわけがないし、山際さんの自腹ですか？

山際　もちろん。石井輝男さんがそうしていたから、カッコいいなと真似したの。

誠　ぼくも助監督とゴールデン街の安い酒場で議論をしたり、たまには自宅で夕飯を食べるくらいのことはしましたけど、旅館でやるなんて、金がもたない。例の『わが映画人生』で、お嬢さんの制服も買ってやれないことがあったと語っておられたのは、そのせいですね（笑）

研　ぼくの年齢だと、『コメットさん』は大場久美子ヴァージョン（一九七八〜七九年）ですね。

山際　大場版『コメットさん』は、子どもたちがすっかり優等生になってしまった。いたずらっ子など、どこにもいない。しかし、ぼくらの『コメットさん』はメキシコで人気者になった。ぼくが大ファンの巨匠ルイス・ブニュエルもメキシコで映画監督をしていた時代がありますから、ちょっと自慢です。国際放映は中南米に強いようです。

研　二〇一七年、『コメットさん』五十年祭が神戸で開かれ、山際さんもスピーチされたと聞きました。

(11)ふたたび大人の世界へ

研　フジテレビ「恐怖劇場アンバランス」(一九七三年)は円谷プロ製作ですが、山際さんの『仮面の墓場』の他にも鈴木清順『木乃伊の恋』や長谷部安春『殺しのゲーム』など、魅力的なラインナップですね。

誠　清順さんの『木乃伊の恋』はぼくが荒戸源次郎のシネマプラセットで撮った『時の娘』(一九八〇年)と一緒に上映したこともありました。

山際　藤田敏八の『死を予告する女』は蜷川幸雄主演で、自由なキャスティングだった。

研　『仮面の墓場』は市川森一脚本でバックステージもの。小劇場の座長と看板女優のヨーコは、恋人どうしに見えるけれども、口喧嘩がたえません。脇にいる悪霊役の俳優は仮面をつけっぱなしです。そこへ女優志望の少女が現れ、座長の子ども時代が徐々に明らかになっていきます。この作品の唐十郎さんとは、山際さんが紅テントで役者をやりたいと思ったくらいですから、逆に演出できて楽しかったでしょう?

山際　もちろん。唐さんをアテこんで市川森一もシナリオを書きましたよ。撮影現場には映画上映をやめた映画館を使いました。映画・演劇の危機をモチーフにしたつもりです。

誠　このドラマの唐十郎はすかっと爽やかな好青年。相手の緑魔子は降旗康男監督のデビュー作で、ぼくがチーフについた『非行少女ヨーコ』(一九六六年)の主演。石橋蓮司も出ていた。

山際　この作品で出会ったことで、唐十郎さんが石橋蓮司と緑魔子の劇団「第七病棟」に戯曲を書き下ろすことになったと聞いています。

研　仮面をつけた三谷昇も忘れられない。黒澤明監督の『どですかでん』(一九七〇年)で浮浪児の父を演じたあと、『帰ってきたウルトラマン』の山際作品「この怪獣は俺が殺る」では、夢の島ではしゃぐピエロ。あれは大熱演でした。

山際　数年前、こんな物をくれました(持ち出した小箱の中には小石に赤いピエロを鮮やかに描いた三谷昇・作のオブジェ)。

誠　あのころは、個性があって、ギャラも安い俳優を探しに、新劇からアングラまで、よく芝居を観にいきましたね。だいぶあとの話だけれど、『地獄の天使・紅い爆音』(一九七七年)のヒロイン入鹿裕子は渡辺えりの劇団にいたのを抜擢しました。

山際　舞台出身の役者はセリフを頭に入れて、こちらが予期しなかったような芝居をしてくれる。逆に映像なんてこんなものかとなめている舞台人はダメです。

研　「恐怖劇場アンバランス」は大人にとっても怖い作品で、しばらくお蔵になって、深夜に放映したのですね。

山際　その頃もうひとつ、フジテレビの「五社英雄アワー」として、一九七三年の深夜に放映された『ジキルとハイド』があり、丹波哲郎が主演で、最終回はぼくが撮った。

誠　一九七三年の深夜放映では、ぼくは仕事のせいでとても見ることができなかった。面白そうだから話してください。

山際　丹波哲郎が演じるジキルは、ふだんは謹厳実直な医学者だが、ある薬を飲むと、ハイド氏になって、夜の街で殺人、強姦を繰り返す。おしとやかな奥さんを松尾嘉代が演じ、彼女の大学時代の彼氏が露口茂で、いまでは刑事となってハイドを追っている。刑事がハイドをつかまえようとジキル氏の家を訪ねるところが見せ場です。松尾嘉代は刑事の露口に嘘を言って追い返すのですが、彼女も夫の正体がだんだんに分かってきて、狂ったように号泣する。松尾さんがよくやってくれました。

誠　丹波さんとは新東宝からの付き合いでしょ？

山際　でも、ラストシーンがぼくと丹波さんとでプランがちがうの。丹波さんは大勢の刑事たちに取り囲まれて、もみくちゃにされたい。一方、ぼくは波止場の波間にハイド氏のコートだけを残すというイメージ。だから「今日はもう撮影終了です、おつかれさま」とか言って、丹波さんが帰ったあと、思いどおりに撮りました。

研　『ジキルとハイド』も『仮面の墓場』もラストは海辺。特別なこだわりでも？

山際　ああ、気がつかなかった。そういえば、そうですね。

(12)『帰ってきたウルトラマン』

研　一九七〇年十一月二十五日、三島由紀夫が市ヶ谷自衛隊駐屯地で檄をとばしたあと、自決します。そして翌年(一九七一年)、いよいよ『帰ってきたウルトラマン』が始まります。

山際　実相寺昭雄さんがATG映画で忙しくなり、ぼくがその後釜として円谷プロに呼ばれたような感じだったけど、喜んで取り組んだ。TBSから橋本洋二プロデューサー、一話一話のストーリーを考える円谷プロの熊谷健、ぼく、市川森一や上原正三たちライターが集まって、よく作戦会議をしました。TBSの会議室で、ああでもない、こうでもないと徹底的にやった。

誠　撮影期間はどれくらい?

山際　一本につき約十日間で、だいたい二本ずつ担当する。特撮監督はもちろんいますが、円谷プロでは編集の自由は監督にあった。

研　「ウルトラマン」シリーズは切通理作、白石雅彦、樋口尚文といった人たちのすぐれた先行研究があるし、めいめいの怪獣ファン、好事家がいるので、へたな意見は言えません。とりわけ実相寺昭雄、山際永三は特別応援団のナビゲートもあって、特別に見えるけれど、円谷プロのなかで職人的に撮ってきた人たちが、ウルトラ監督らしい監督かもしれない。

誠　脚本家でいうと沖縄出身の二人、夭折した金城哲夫と、いまもがんばっている上原正三がよく言及されている。

山際　円谷プロでは二人に加えて、市川森一、田口成光がぼくを盛り立ててくれました。

研　「怪鳥テロチルス篇」は前・後二話からなり、脚本は上原正三。テロチルスの作った巣に爆弾テロの犯人、三郎(石橋正次)が立てこもります。白石雅彦さんによる山際永三インタビューでもお話されていますが、翌年二月の「浅間山荘事件」より先に放映されているので、ドラマが事件を先取りしているとも言われる。

山際　立てこもりはすでに実際にあったし、爆破事件も起こっていた。学生運動そのものは下火になっていたとき、浅間山荘事件が起きた。それにしてもいまではあんな過激なウルトラマン作品は作れないでしょうね。

誠　当時ぼくが考えていたよりも年齢の高い人が「ウルトラマン」を見ていたんだ。破滅的な青春ということでいえば、『狂熱の果て』の監督は円谷プロでも同じことをやったと分かる。

研　脱走した三郎はダイナマイトを体に巻きつけてJ＝L・ゴダールの『気狂いピエロ』(一九六五年)風です。これは一九七〇年代の映画やテレビドラマでよく目にしたから、それだけ作り手がゴダールの映画を見ていたということですね。三郎役の石橋正次は大島渚監督の『夏の妹』(一九七二年)で、『シルバー仮面』の主題歌を口ずさんでいます。大島さんは「ウルトラマン」も見ていたはずですよ。

(13)怪獣づくり

研　山際作品の「許されざる命」ではレオゴンという怪獣が登場します。実はウルトラマンのMAT隊員、郷秀樹(団次郎)の同級生にマッドサイエンチスト(清水幹生)がいて、彼がウツボカズラとトカゲを組み合わせた怪物を作ろうとしている。怪物づくりということでは、あのデヴィッド・リンチ監督もやりたいような題材です。

山際　レオゴンは一般からアイデアを公募したところから生まれました。当選者の小林晋一郎さんは当時、高校生。現在は歯科学の分野で活躍しているそうです。彼の原案を石堂淑朗がシナリオにしました。

誠　科学者の怪獣工房に子どもの頃の写真と父親の肖像が飾ってあり、ファザーコンプレックスなのだと笑った。

研　絶妙なタイミングで、日本唯一のスーパーバンドPYGの『花・太陽・雨』が流れます。メンバーは沢田研二、岸部一徳、大口広司、萩原健一、井上堯之、大野克夫。市川森一と萩原健一の友情から使用が許可されたのは有名な話です。

山際　「残酷！　光怪獣プリズ魔」はぼくらみんなが好きだった岸田森が「朱川審」という名前でシナリオを書いてくれました。

研　うらやましい。岸田森読本『不死蝶　岸田森』（ワイズ出版、二〇〇〇年）にシナリオが所収されています。郷秀樹が兄事する坂田健を演じるだけでなく、『ウルトラマンA』ではナレーションのみの贅沢さ。役の大きさ、ジャンルにはこだわらない。男なのにクール・ビューティ。酒飲みなのに生涯スリム。みんなの憧れでワイズ出版の映画本でもいちばん売れているとか。

誠　ぼくは岸田森とはテレビを何本かやっていると思うけど、森村誠一原作の『腐蝕の構造』（一九七七年）と勝プロで撮った『あいつと俺』（一九八〇年）のことはよく覚えている。

山際　岸田森のシナリオに関して言うと、光怪獣ということになっているんですが、もともと光というものは熱になるのですから、どうして光が氷になるんだか、いまだに疑問です。

研　プリズ魔と闘うウルトラマンのダンスはきれいだし、東京じゅうを真っ暗にして、ナイター照明だけの野球場も美しい。野球場はどこですか？

山際　忘れちゃった（笑）　闘い終えて、ウルトラマンから人間に戻った郷秀樹が芝生に倒れて苦しそうにハアハア言うでしょ。あれは『狂熱の果て』の星輝美の最後と同じにして撮ったの。

誠　後年、筒井康隆原作の『スタア』（一九八六年）を監督したとき、団次郎もセクシー女優のイブちゃんと遊んでいるところを、地震による空間のひずみで、裸のまま人前にさらけ出されるという変な役で出てもらった。

研　日本のヘルムート・バーガー、団次郎がよくやってくれたね（笑）

(14)『シルバー仮面』

研　『シルバー仮面』(一九七一～七二年)は、光子ロケットの設計者である父、春日博士を殺された春日兄妹がロケットを完成することを決意し、そのロケット設計図を奪取しようとする宇宙人とバトルを繰り広げる物語で、実は二男・光二(柴俊夫)がシルバー仮面です。日曜夜七時三十分の放映時間がＴＢＳの『シルバー仮面』とフジテレビの『ミラーマン』と重なったのはテレビ伝説として有名な話になっています。

山際さんはいったんウルトラの星に帰ったあと(笑)、すぐ『シルバー仮面』に取り組みます。シルバー仮面は、前半は等身大で鉄仮面から口だけ見える。宇宙人も等身大で、いますぐ襲ってくる宇宙人という感じ。子役の人なんか怖かったと思います。ところが、後半はシルバー仮面も宇宙人も巨大化してジャイアント。インターネット社会のいまならファンの意見が二分します。

山際　視聴率としては同時刻の『ミラーマン』には全然かなわなかった。子どもたちは巨大化するものが好きなんです。

誠　現代のアメリカ映画だって『ランペイジ巨獣大乱闘』(ブラッド・ペイトン監督、二〇一八年)なんて作品では、ゴリラ、オオカミ、ワニの巨大化を見せ物にしているんだから。

山際　あのときは、何度も「等身大」でいくか「巨大化」でいくかの会議が開かれた。ぼくも実相寺昭雄も等身大派でした。ぼくは日常性をきっかけにしたドラマを作りたい。巨大化の世界は手に負えないのです。

編集　切通理作さんの『怪獣少年の〈復讐〉』（洋泉社、二〇一六年）によれば、ミラーマンは小学館の学年誌に原作が出ていて、ソフトビニールの人形も子どもたちに浸透していたと（笑）

誠　当時の子ども番組で巨大化か等身大かが問題になっていたなんて考えもしなかった。仮面ライダーは等身大だ。

山際　東映はアクションで子どもの心をつかむんでしょうね。

研　シルバー仮面の「はてしなき旅」では、春日兄弟が光子ロケット完成の助言を得ようと、父の高弟だった科学者・伊豆肇の家を訪れる。だが、その科学者の大切な娘が宇宙人にさらわれ、テレビに吸い込まれる。

山際　「テレビよ、おまえは何なのだ！」という思いがありました。

編集　ドキュメンタリー作品のかたちをとりながら、最後にこれはフィクションだとなる、今村昌平監督の『人間蒸発』（一九六五年）を思わせます。

誠　物語の構成でいえば、これまた、最近のハリウッド作品に『ジュマンジ ウェルカム・トゥ・ジャングル』（ジェイク・カスダン監督、二〇一七年）というのがあって、男女四人の高校生が呪われたテレビゲームの中に吸い込まれる話があり、アメリカではヒットしたそうだけど、先取りしているなあ。

研　『シルバー仮面』は哀しい。アメリカのテレビシリーズ『逃亡者』（一九六三〜六七年）から発想を得ているようですが、かなりスタイルがいい五人の兄妹が車に身を寄せ合って旅を続けているところを見るのがいい。その頃、日本のテレビは『シルバー仮面』『ミラーマン』だけでなく『ファイアーマン』『レインボーマン』『仮面ライダーV３』『超人バロム・１』など怪獣、怪人のラッシュアワーに襲われます。

誠　それほど、子どもたちが怪獣モノに夢中になっていたわけだ。ぼくも助監督だった佐伯俊道に手伝ってもらい、息子たちのために『仮面ライダーV３』の脚本を書いた。レンズアリとカミソリヒトデの回です。また、これも子どもの要請で、Ｐプロに連絡して『鉄人タイガーセブン』（一九七三〜七四年）を監督させてもらいました。脚本は上原正三で、カメラマンも大映テレビでよくご一緒した山崎忠カメラマンにきてもらって、楽しかったけれど、子ども番組はカット割りを細かくしなければならないので、まいりました（笑）

（15）『ウルトラマンA』

研　『ウルトラマンA』（一九七二〜七三年）は、ＴＡＣ（超獣攻撃隊）のメンバーである北斗星司（高峰圭二）と南夕子（星光子）による男女合体変身が話題になりました。小さいころ見たときは、恥ずかしかったな。

山際　市川森一のアイデアです。女の子のファンが増えたらしいが、全体としてはあまり歓迎されなかった。

研　「三億年超獣出現！　ガラン登場」では、TACの女子隊員、美川のり子（西恵子）がチャイナドレスを着て、売れっ子の漫画家（清水紘治）の邸宅で開かれる同窓会に行くのだけれど、それはたった二人の同窓会で、彼女は「囚われの女」になってしまう。さらに漫画家が狂ったように超獣の絵を描くと、街に超獣が飛び出します。子ども番組なのにルイス・ブニュエル風で、女子隊員が縛られているところなんかも、かなりしつこいタッチ。ああいうタイプの子はお好きでしたか？

山際　いや、市川森一の脚本どおりです。橋本プロデューサーには、今回は江戸川乱歩の少年探偵団ですからと了解をとりました。

誠　江戸川乱歩は子ども向けでも怖いものがあるけど、清水紘治の演技からすると、あれはもう大人向けだね（笑）

研　途中から南夕子隊員が月に帰り、北斗は男一人でエースになる。いまならこれも二派に分かれて議論の的。「さようなら夕子よ、月の妹よ」は山際作品ですね。一九七二年というと、七夕に、怪人の田中角栄の内閣誕生。同じ日、イギリスでは宇宙人のデヴィッド・ボウイがオレンジ色の髪、レインボーカラーのジャンプスーツをまとい、BBCで「スターマン」を歌うなど、怪人、宇宙人をめぐる、いろんなことがありました（笑）

山際　男女合体変身は視聴率的に効果がなく、やめてしまうことになりました。北斗のエピソードと夕子のエピソードを交互に描くのだから脚本家もたいへんだ。そうでなくても『ウルトラマンA』は、隊員個々のドラマが多くて、みんな、次は俺だなんて、喜んでいましたが、円谷プロ本来の宇宙の話ではなくなってしまったのです。

研　エースの隊員たちは誘惑に弱いですね。さきほどの美川隊員は小学生相手のマジシャン、山際作品では今野隊員(山本正明)が女子カメラマン、北斗は女子大の自転車部部長、あろうことか竜五郎隊長(嵯川哲朗)までがお手伝い志望の少女に夢中になる。その結果、ことごとく超獣の出現を招くのです。

誠　そういえば、テレビのファミリー劇場を見ていると、不適切な表現がありますが、と謝ったうえで、当時のまま放映するというお断りがある。山際作品が多い(笑)

山際　以前は不適切な表現の場合、ピーッといやな音がして、セリフが消されたのですが、深作欣二さんが理事長のとき、日本映画監督協会の申し出が実ったのか、現在のようになった。

誠　『ウルトラマンA』のあと、『ウルトラマンタロウ』へと続き、次から次へと怪獣が出てくるわけだけれど、その姿や形を考えるのはたいへんですよね。

山際　円谷プロの熊谷健プロデューサーがいろいろとアイデアを出し、美術が二人くらいいて、小学館も意見を言う。怪獣の目の動きなどは部分的に別に作る。池谷仙克さんはじめ美術の仕事はたいへんでした。

誠　いっぽう物語構成からみていくと、上原正三、金城哲夫のシナリオは、当時の沖縄の人たちの日本に対する思いが強く出ている。
山際　「ウルトラマン」シリーズは時代を反映していたからね。
研　怪獣関係の本はいろいろ出ていますけど、著作権は誰にあるのですか?
山際　ゴジラの著作権を本多猪四郎監督が主張していたが、美術だって主張するだろうし、ちょっと無理があり、結局、製作会社のものということになります。

(16)テレビドラマ『日本沈没』

研　『日本沈没』の「怒りの濁流」(一九七四年)は山際作品ですが、地震科学者の田所雄介博士(小林桂樹)は「日本は沈没する!」と訴えるが、官僚たちに冷笑され、息抜きに故郷の福島に帰り、幼い頃からの友人である禅寺の和尚の世話になります。ところが、湖にヤマメ釣りに行った和尚が突然、襲いかかった濁流にのまれて死んでしまう。田所は残された孫たちを抱きしめ、「この子たちは負けずに生きていくだろう。だが、彼らが住む日本の大地はもうじき無くなるのだ!」と叫びます。『日本沈没』は映画版(一九七三年)のほうが少し早いですね?
山際　そう。森谷司郎監督の映画のほうが早い。映画の主人公は丹波哲郎で総理大臣。テレビは小林桂樹で科学者が主人公です。
研　丹波哲郎の首相はいかにも田中角栄時代というフィーリング。小林桂樹は東宝の社長シリーズだと森繁久彌の下にいますけど、テレビ版『日本沈没』ではカッコいいですね。
編集　「社長シリーズ」は他にも三木のり平、加東大介といったすごい俳優がいますからね。
研　福島の湖が舞台で、山際監督としては故郷で歓迎されたのでは？
山際　それが、相模湖がロケ地ですよ（笑）
研　では「海底洞窟の謎」の鹿児島の海は？
山際　ちょっと足をのばして西伊豆。でも、『ウルトラマンA』の岡山編みたいにタイアップをとっているときは、脚本どおりしっかりロケしています。
誠　それにしても小松左京は京都大学でイタリア文学、わたしが映画化でお世話になった筒井康隆は同志社大学の美学と、ＳＦの作家は理科系でもないのにスケールのでかい地球環境についての仮説を立てる。ブレーンもいるだろうけど、文学系だからこそ大胆なことを思いつくのかな？
研　そのころ、盛んになってきた独立プロで映画を撮ろうとは思いませんでしたか？
山際　ＡＴＧで夢野久作の『ドグラ・マグラ』を坂東玉三郎主演で監督しようと思い、企画を出しました。脚本は石堂淑朗。でも書ききれなかった。彼は酒をよく飲みましたが、若い奥さんをもらい、子どもにも恵まれ、「ウルトラ」シリーズは楽しんで書いてくれましたが。
研　種村季弘と東大独文の同級生。種村さんは澁澤龍彦の盟友。澁澤は『スクリーンの夢魔』とかで映画は論じるのに、テレビを見ないので「ウルトラマン」シリーズについて書いてないのが残念。怪人、怪物が大好きな人だったのに。

山際　ぼくも澁澤さんが訳したマルキ・ド・サドは愛読しました。
誠　話はとぶけれど、一九八五年と八六年に今村昌平監督が台湾の中華電影公司に演出と脚本を教える学校を作り、ぼくはヴィザの切れるまでの一カ月間、今村さんに頼まれて教えに行ったことがある。ぼくのあとを引き受けたのが石堂さんで、家に電話があって、どんな授業をやっているのかなど熱心に尋ねられました。まじめな人なんだ。
研　一九七一年十一月二十一日、志賀直哉が亡くなります。
山際　十一月二十六日、青山葬儀場で告別式。体の大きな人だったから、骨が濱田庄司の作った骨壺にはおさまらなかった。

(17)子ども番組の変化

研　山際さんは一九八〇年頃から子ども番組を見る子が減ったと言われていますが、『俺はあばれはっちゃく』(一九七九～八〇年)は人気があったと思います。ぼくが大学生だった頃でも元気ものは、「はっちゃく君」なんて言われた。
山際　あれは、はっちゃくの役者、吉田友紀もよかったけど、彼が片想いする美少女がクラス内にいるという、山中恒の設定も大きかった。子ども番組離れというのにはは理由があります。子どもがアニメーションや『西部警察』を見るようになったんです。

誠　山際さんと違って、ぼくもテレビでは『腐蝕の構造』や『夜明けの刑事』(一九七四〜七七年)『Gメン75』(一九七五〜八二年)など刑事モノのシリーズをやっていましたから、子どもたちに刑事モノを見るなとは言えない。友人の山口剛、瀬戸恒雄がプロデュースする『大激闘マッドポリス'80』(一九八〇年)などというのもあった。わが不良番長の梅宮辰夫や渡瀬恒彦が警察官だよ(笑)

山際　その頃、『三年B組金八先生』(一九七九〜八〇年)か、それ以外の学園ものかと言われるほど金八人気が出てきました。そして、子役と話していても、スケジュールについてはプロダクションに聞いてくださいなんて言うようになった。

研　子どもらしくない発言ですね。

山際　「金八先生」にも感心するところがあって、中学生を取り巻く問題が徹底的にリサーチされています。それからスタジオに教室のセットを組んで、ワンシーン連続撮影の迫力ある映像を作っていました。

研　「金八先生」シリーズがアイドルの登龍門になったことから、美少年、美少女タイプは教室の前に、不良っぽい子は後ろに、そして、ぽっちゃり体形は片隅に配置されるようになった。

山際　山中恒原作のテレビ『ちびっ子かあちゃん』(一九八三年)の主人公を選ぶのに、ぼくは元気な、ふっくらした女の子を起用したかったが、TBSの編成はほっそりした美少女を推薦してきた。その細腕で弟たちを育てるところが視聴率に結びつくと言うんです。ぼくは我を通しましたが、結果はまったくふるわず、ぼくの敗けでした。

論評(4) 特集・テレビは誰のものか! 「テレビ映像研究(二十五号)」(一九七九年)

《情報化時代》における表現について (山際永三)

はじめに

本誌編集の中村義一氏からお電話をいただき、〝テレビは誰のものか〟という特集を組むから書いてほしいと依頼された時には、本当に困ってしまいました。そのような大きな問題について、ちゃんとしたことを書く自信はまったくないし、僕自身がテレビにかかわって生きているだけに、〝テレビは誰のものか〟とあらたまってつきつけられると返答に窮するところもあって、原稿の件は何とかおことわりしようと、電話で言いわけを二、三並べたのですが、中村氏独特のやわらかい言われ方で、一歩も引かないねばりかたです。〝テレビは誰のものか〟などという、あまりにも大上段にふりかぶったテーマについて、中村氏は「もう一度考えてみたいと思いましてね」としきりに言われるのです。僕はその「もう一度」にひっかかってしまいました。中村氏自身、今更、という思いを持ちながら、更に「もう一度」という執念を持っておられる、その執念は立派だなという思いが、僕の内心にチラリと出て来てしまったら、もうおしまいです。「はあ、何とか考えてはみますが……」となって、中村氏との長い電話を切ってしまいま

放送と番組制作のための専門誌

テレビ映像研究

1979/11・12　NO. 25

特集　テレビは誰のものか!!

《巻頭言》もっと怒りを－民衆への提言－　岡本　愛彦
特集・"情報時代"の表現について　山際　永三
テレビは誰が見ているか　室井　鉄衛
CM効果のメカニズム　西村　五洲
広告代理店はテレビで、いま　鼓　春暄
海外テレビコーナー
世界のテレビニュース－香港－　北谷　賢司

制作者対談〈15〉
テレビドラマはどう変るか!!　石川　甫　和田　勉

－この人に聞く－私のドキュメンタリー　木村　栄文
JNNドキュメンタリーの記録　編・鵜飼　宏明

ナカ・プランニング・デスク

した。それ以後、あらためていろいろと考えてはみたのですが、〝テレビは誰のものか〟というテーマに直接答えることはあまりにもむずかしいので、少しずれることになるかも知れませんが、中村氏からの課題に触発された僕自身の問題意識の芽のようなものを書いて、お許しを願いたいと思います。

テレビは誰が所有しているか?

〝テレビは誰のものか〟と言って、まず思い浮かぶのは〝電波は国民のものだ〟とか、〝テレビは国民のものであるべきだ〟とかいう議論ですが、これは国会というような場で行なわれるのにふさわしい議論であって、僕らテレビにかかわっている人間が口にすると何かしらじらしい感じがします。〝誰々のもの〟と割り切ることはほとんど困難なぐらい、テレビをめぐる人々のおもわくはからみ合っており、複雑です。テレビは新聞と結びついており、系列化され、ますます第四の権力ぶりを肥大化させています。また、テレビの機能がいろいろな力関係と結びついて細胞分裂を起し、変化しているので、その機能変化を誰よりも素早く読みとり、利用する人たちが最も得をするという結果になっています。極端に言えばテレビは〝資本のもの〟とも言えるし、〝国家のもの〟とも言えるかも知れません。では国家とは何かというような話になって、観念論議は果てしなくひろがります。今の時代、はっきりとした主体があって、テレビがその主体の所有するものというぐあいに割り切れないところにこそ問題があると思います。〝国民〟

という名の主体があるとは僕にはどうしても思えません。

テレビは、人々の複雑な暮しぶりの反映であり、鏡であり、うわずみの風俗であるとも言えます。そして何よりも厖大な情報です。タテマエもホンネも入りまじって、人間の知・情・意・のすべてが情報化され、情報の単位として飛びかう時代、一口に言って〝情報化時代〟が今日なのではないでしょうか。農業とか鉱業が第一次産業で、工業が第二次産業で、交通とかサービス業が第三次産業といった小学校社会科的な区分けは、今やまったく意味をなさないと思うのです。〝情報化社会〟にあっては、生産手段そのものが一種の情報であるわけで、情報の選択のしかたが即〝生産性〟にひびき、情報が、即〝商品〟であり、情報によって人々は動き、組織され、解体されるように見えます。過去に学問とか芸術とか呼ばれていたものも、情報の一単位でしかなくなり、すべてがコンピューターの入力と出力になぞらえられるような気がしてなりません。活字や印刷物はむろん、絵や写真、映画、テレビといった映像が多方面の社会生活に浸透し、情報過多となっており、言葉や観念がやたらと氾濫しているだけに、一つ一つの言葉や観念は無力でひよわになっており、どの次元においてもタテマエとホンネがかけ離れていて、個人内面の表現が非常に困難になってしまった時代、それが今日だという気がするのです。テレビの番組製作に参加し、監督をやっている僕が、何らかの表現をする者としての責任を回避する気は毛頭ないのですが一時期社会学的にテレビ(マスコミ)を分析して〝送り手〟と〝受け手〟というような区分けをしたことがあったと思うのですが、今日のテレビにおいてはその境界線もはっきりせず、情報の各単位は自立し得ずにからみ合っているとしか思えません。この時代、最も国民のものでないテレビが、見方を変えれば、完全に国民のものになってしまっているという逆説も成り立ち得ると考えます。

テレビは子どもにとって何なのか?

ここで自己紹介をさせていただきますと、僕は一九六三年頃からテレビ映画の監督をやって、主として三十分ものの子ども番組を作り続けて来ました。『いつか青空』『チャコちゃんシリーズ』『コメットさん』『どんといこうぜ』『胡椒息子』『剣道まっしぐら』『ウルトラマンシリーズ』『それ行け! カッチン』『ぐるぐるメダマン』『ぼくどうしたらいいの』(昼帯)そして現在『俺はあばれはっちゃく』(テレビ朝日土曜午後七時半)など、というところです。こうしたいわゆるジャリ番組、又は子どもを主人公にした番組を作って来た僕としては、テレビ全体の問題を考える場合に、どうしても〝テレビと子ども〟ということに関心をしぼらざるを得ません。最近のテレビ映画のスタッフの中に『チャコちゃん』を見て育ったなどという人が出てくると感慨ひとしおです。僕自身の「表現」の波及力などは、よかれあしかれ微々たるもので語るもおこがましいという思いがあると同時に、やはり、テレビが子どもに何をもたらしているか、子どもがテレビに何を求めているかなどという問題について無関心ではいられません。児童文学の世界で、佐野美津男氏でしたか、長い間の童心主義というのか、純粋な子、良い子のイメージを否定して、〝子供と書く奴は敵だ、我々は子どもと書く〟(つまり子どもはおとなのお供ではないという意味)などと宣言したのにも共感して、僕なりにこの十数年間〝現代っ子〟の行方をブラウン管の中に追ってきたつもりでした。おとなの目から見た子ども像ではなく、子どもをおとなと同様に見て、その喜怒哀楽、立場を描き、なおかつ、おとなの及びもつかないほど生き生きとした、子どものバイタリティや正直さを肯定するドラマを作り続けたいと考えてきました。『ウルトラマンシリーズ』をやっている頃、一部から暴力肯定、俗悪番組だといった批判をされたのに対しても「とんでもない、ただ暴力や異常を否定して、明るい良い子のイメージでテレビを作っていればいいということはない。学校で〝暴力はいけません、話し合いが良いことです〟〝道路で遊んではいけません〟と言われつづけて、戦後民主主義教育のゆがみの中で抑圧され、子ども同士の社会を喪失させられている子どもたちに、異常なこと、怪奇なもの、正当な暴力を見せてなぜ悪い」などと大まじめで反論したりしたものです。

だがその僕も、東京の五チャンネルに一時期は十数本と言われたぐらいに〝変身もの〟〝特撮もの〟が氾濫した頃には、いささかうんざりもして、俗悪と言われれば確かにその通りだと思ったものでした。CMも含めたテレビの俗悪さが、プラス面もマイナス面も含めて確実に子どもたちの中に吸収されていたように思えます。その頃から一般に〝テレビ離れ〟というようなことも言われはじめ、世界に類例のないほど急速に拡がったと言われた我が国のテレビ時代も、ようやく飽和状態がやってきたのかなとも思わせました。「我が家ではテレビが故障した機会にテレビを捨てた」などという人の体験記なども現れて、子どもと親の対話が実現したなどと言われると、ちょっぴり安心したりして、だが一方で「そんなことしてやっと対話が実現する親子の成り立ちまでテレビのせいにするのか！　我が家だけテレビをなくせばそれでいいのか！」といった、むしゃくしゃした反撥もおぼえたことでした。この情報過多の時代、情報公害と言われる現象さえあるわけですから、ある時期、ある情報を断つというのも一つの生き方だとは思います。しかし、テレビのみならず、活字媒体も、消費生活も、地域生活も、選挙も、すべてが情報化されている中でテレビの俗悪さだけを否定し、生活から遠ざけてみても、社会と個人のかかわりそのもののゆがみは一向に変わらないと思うのです。

テレビの俗悪批判をどこへ？

去る八月三十一日に芸団協、放送作協、シナリオ作協などの団体が郵政大臣に「十一月一日は三年ごとの民放免許更新の日、これを機会に民放テレビ・ラジオの内容向上に尽力してほしい」という主旨の要望書を出しました。内容向上はもちろんけっこうなことなのですが、この要望書提出について、事前に参加を呼びかけられた日本映画監督協会が、若干の経過をへて参加を辞退することになったのは本誌前号の〈関係団体告知板〉で説明されている通りです。去年『放送番組に関わる諸団体の訴え』がまとめられ、各方面に働きかけを行った時には、①著作者に対する委嘱料・使用料のアップ、②下請製作に関する放送局の責任を問う、という主旨で、僕らの監督協会も参加して運動し、一定の成果もあったので、今回も参加を前提として監督協会理事会で討議されたのですが、要望書文案の第一項目に「低俗番組の氾濫」というのがあり、「視聴率万能の弊害としての低俗番組の氾濫には目をおおうものがあります。……これ等低俗番組が成長過程にある子供に与える影響についても看過し得ないものがあり、教育者のみならず、世の有識者の間で真剣な問題提起がなされているところでもあります」という記述があったことが問題となりました。監督協会の理事会で話し合われたことは「それを言いたい気持もわからないではないが、今の段階で、郵政大臣に言うべきことではないのではないか」ということでした。そして他の団体にこの項目の削除を主張したのですが、容れられないということで、監督協会はおりることになってしまいました。

僕も監督協会の理事の一人ですが、あえて言えば、この要望書文案の「子供」にカチンときた唯一の理事だったかも知れません(むろんその字のことについては発言しませんでした)。諸団体の方々は「そんなことで」とおこられるかも知れませんが、以上に述べて来ましたように、〝子ども番組〟を作りつづけて来た僕のかかえている矛盾の痛みとは別世界から発せられた要望書でしかなかったのです。「子供に与える影響」「教育者のみならず世の有識者」など、すべていやな言葉です。テレビの俗悪批判もけっこうだが、少なくとも、世の教育者・有識者のたれ流してきた多くの情報、子どもたちに与えてきた有形無形の影響、これらすべてについての大胆な切開手術がなくして、与えられる情報の浄化を叫んでもどうしようもないのではないでしょうか。しかも、長い間与える側に加担している人がそれを言うのはどう考えても理解出来ません。今日の情報過多が、情報の管理と同義になりつつある（つまり、情報商品の価値からのパージ、又は逆情報との相殺作用などによる）ことにこそ問題があるのであって、管理の大もとである郵政大臣に規制強化の口実を与えかねない要望というのはまったく残念です。

子どもはどう変ったか?

つっ込んでテレビと子どもの問題を考えてゆくと、問題は更に深刻であることがはっきりしてきます。十数年前、阿部進氏などが盛んに言っていた〝現代っ子〟つまり〝資本主義に強い子〟、テレビをジャンジャン見て、ジャンジャン遊んで、車の名前を全部覚えて、車の性能をよく知っていて、交通事故にもあわない子、といったイメージがやがて解体し、多くの子どもたちの生きざまが、この十数年間にまったく変って来ていることは事実です。個別にはいろいろなケースがあるにせよ、その変化は、子どもたちにとって確実に楽しくない、悪い方向の変化でしかないようです。阿部進氏的な〝現代っ子〟そのものが一つの幻想だったのかも知れません。六九年頃の全共闘運動が盛んだった時、阿部進氏がどこかの新聞に〝全共闘はおとなに対する子ども世代の反逆だ〟といった主旨のことをコメントしておられるのを見て、僕はそれはあまりに単純だと思いがっかりした記憶があります。新聞にのる〝談話〟は、とかく新聞記者がいいようにまとめあげる例が多いようですが、そのようにして阿部進氏の〝現代っ子〟論も、〝情報化〟されてゆき、そして七〇年を境として実際に〝現代っ子〟たちはこの世から抹殺されていったのです。テレビの俗悪番組を見せるから、ストレートに子どもが影響されるというような関係ではなく、テレビが主要な役割を果たす情報化社会全体が、子どもに巨大な影響をもたらしているという関係だと思うのです。

僕は、一昨年から去年にかけて『ぼくどうしたらいいの』という番組(フジテレビ午後一時から三十分帯ドラマ)で登校拒否症と言われる一種の神経症にとりつかれた子どもと、その家族を描く仕事をやって、最近の子ども像の変化と、情報化社会というものについて多くを学びました。医事監修をやって下さった児童精神医学者の佐々木正美氏は実際の臨床医でもあり、高い見識の持主で『児童精神科医のノートⅠ・Ⅱ』(たいまつ社)などの著作もおありの方です。僕らがいろいろとお話をうかがった中で、何らかの精神医学的な障害を持つ子どもとその両親について、佐々木氏独特の説明を次のようにして下さったのが記憶に焼きついています。「いわゆる自閉症児について、情緒障害であるということから、幼児期における母親のスキンシップが不足していたとか、つまるところ育てかたが悪いと、一時期は母親有罪説が多かったが、最近はそうでないことがわかってきた。自閉症児の脳の言語中枢のコンピューターのような部分、つまり音響である言語は耳に聞えるのだが、それを何かの意味としてとらえる部分の接点がぐあいがわるく、例えば〝〇〇ちゃん!〟と名前を呼びかけても見むきもしないのは、その言葉が音でしかなく、自分に対する親愛の意味だということが了解出来ない。そういう障害だということがわかって来て、お母さんたちは無罪になった。登校拒否症はアメリカで始まり、日本とかドイツで急速にひろがったものだが、精神病ではなく、ノイローゼの一種ということはわかっていた。過保護とか、母子分離できない親子とかいう点が注目されて、ここでもとかく母親の育て方に対する有罪説が多かった。しかしつっ込んで調べてみると、子どもにとっての父親像の不在、父親を通しての価値観の断絶ということが根にあることがわかって、父親こそが変化しないと子どもは直らないということが確実になって来て、母親有罪説はくずれて来た。」と。両親には特にこれといった異常はない、ごく普通の家庭で反抗期の現れないまま、おとなの言うことをよく聞き、勉強などの能力もすぐれた子どもが何かのきっかけで突然学校に行かなくなる。それもいわゆる怠学とは違って、学校をさぼって他のことをして遊ぶというのではなく、自分でも学校に行きたい、行かなければならないという意識は強くありながら、一方でどうしても行くことが出来ない、その内部葛藤から家庭内暴力にもなり、しばしば自殺にも追い込まれてゆくという、不思議なノイローゼである登校拒否症の真の背景に父親があり、その父親を通しては伝わってこない社会の価値観不在の問題があるということを知って、それこそテレビもひっくるめての、この巨大な情報化社会の吹きだまりというか、エアポケットというか、今までの我が国の社会構造からは考えられもしなかった目に見えない矛盾が、一部の子どもたちに極端な形でしわよせされ、噴出してくる姿を見る思いがして、ゾッとなったものでした。社会の明確な価値観の不在ということが、社会の或る弱い部分にはさまざまな障害となって現れている時、では新しい明確な価値観を打ち立ててやるという一群の強さにあこがれる人々が出てきやすいことは火を見るよりも明らかです。それこそネオ・ファシズムでなくてなんでしょうか。

子どもたちの叫び(1)

今年は、過去よりも一層、子どもの自殺ということがショッキングに伝えられた年でした。あまり続くので、マスコミ情報による連鎖反応ではないかという情報もありました。僕自身『ぼくどうしたらいいの』という番組の中で、悩み悩んだあげくに、小学校二年生の主人公が、風呂場の水に顔をおしつけて自殺をこころみて失敗するという場面を描いたことがある者だけに、その後の新聞紙面で「また小学生が自殺」「小三が首つり、これまでの最低学年」「五才坊や自殺図る」といった記事を見るたびに、別に直接的な影響というような次元ではないにしても、問題の所在の深さにただただ茫然とすることがありました。

最近になって、本多勝一氏編著の『子供たちの復讐』(朝日新聞刊)を読んで、更にいろいろと考えさせられました。それは結局〝情報化時代〟における「表現」とは何かという、僕自身の課題として少しづつふくらんできたのです。「表現」もまた、まさに情報の一種でもあるわけです。しかし、ごく個性的な「表現」は、表現者の有名・無名を問わず、また表現手段、表現量のいかんを問わず、つまり芸術作品と呼ばれるようなものであろうと、ドキュメントであろうと、一家団欒のひとときに交わされる会話の断片であろうと、何らかの真実を指し示し、誰かの心に残るものであるはずです。ところが今日の情報化社会では、それらの表現が、多くの場合表現されると同時に、まったく無個性な情報単位に解体されてしまい、広く一般に拡散されてしまいます。「表現」という、何かに、誰かに引っかかりを残す行為と、何にも引っかかりを残さずに、単なる知識単位として拡散する行為とが、メビウスの輪のようにエンドレスにからみ合っている状況、それが今日であるという、僕の認識です。そういう僕自身の、テレビ—子ども—子どもの自殺—社会—テレビという思考回路の中で、本多勝一氏がとりあげられた二つの事件、いわゆる、〝開成高校生殺人事件〟と〝祖母殺し高校生自殺事件〟は僕にとっても非常に重い出来事でした。本多氏は、前者A君、後者B君の同級生と座談会を持たれ、精神医、心理学者などに取材され、多くの重要な問題提起をされています。そして前者A君の加害者となってしまった父親の裁判を傍聴したドキュメント、また後者B君の遺書の詳細、そしてシナリオライターである母親の意見等もまとめておられます。本多氏が言われる通り、この二つの事件には共通性があり、他殺を共なっているが一種の無理心中事件としての性格が濃いものと思われます。本多氏のドキュメントの中には、やはり当時の新聞や週刊誌から断片的に情報を得ていた僕が、まったく気がつかなかった点がいくつか含まれていました。

第一に、〝開成高校事件〟のA君は大変な読書家であったということです。彼が小さい頃テレビっ子であったかどうかの記述はなかったように思いますが、開成中学時代の成績は非常によく、高校に入る少し前から哲学書や文学書を読みはじめると共に、成績は落ちたのだそうです。これは、おくれた反抗期―家庭嫌悪―学校恐怖という登校拒否症の典型例とは少し違うのではないかと僕は思いました。A君は数カ月にわたって荒れ続けた、いわゆる家庭内暴力の期間、親に向かって「夏休みを返せ、青春を返せ、人生を返せ！」と叫んだのだといいます。そこに推察される、おそろしいばかりの自覚形態があります。そして〝祖母事件〟のB君もなかなかの読書家で、筒井康隆氏の小説等をよく読み、自分もまた日記や小説を書いていたということです。そして例の長文の遺書を残しています。遺書の中でB君はA君に対して共感を寄せ、自分の行為は、A君を殺した世のダメな親達への復讐攻撃であると、はっきり規定しています。これもおそろしいばかりの自覚形態です。B君の遺書を一つの情報として見る限り、その内容について矛盾を指摘し、批判を加えることは簡単かも知れません。だが、遺書を含む彼の行為を、やむにやまれぬ一つの「表現」として見たら、何か底知れぬ恐ろしさを感ずるのは僕一人ではないはずです。本多氏の取材が全体としてA君、B君の読書歴、その精神性の急成長の軌跡について追及が足りないのはまったく残念なことです。「A君は、成績が落ち始めるとともに口数が減って自宅に閉じこもりがちになり……」(朝日新聞記事)は違うのではないかと思うのです。つまりA君が矛盾を自覚し始め、読書にのめり込んで行く過程があり、並行して学校の勉強をしなくなり、成績が落ち、ということなのではないでしょうか。その順序はどうであれ、少なくともA君の錯乱の原因が単なる受験戦争と割り切れるものではない、もっと深いところに根がある、というのが本多氏自身の志向でもあったと思うのです。

子どもたちの叫び(2)

第二に、A君自身が両親のすすめに素直に応じて治療に通った精神科の医師が、結果としてA君及び両親にマイナスな要因として作用していたということです。その医師の診断によると、A君は精神病ではなく、心因反応というものなのだそうですが、親への暴力という現象に対して、最初は「したいほうだいさせるように」と指示し、後では「やめさせて良い」と変り、治療、予後の見通しが不明確なまま、眠らせる注射やいろいろな薬を与えて、電気ショックもやったといいます。そして直るのか、直らないのかという親の質問に対して「私は予想屋ではない、予想屋のまねをさせるのか」と答えたといいます(御本人は検察側証人として出廷され、否定しておられますが、少なくとも親にはそう聞えたのではないでしょうか)。そしてその医師はA君について「自殺か、非行少年というか犯罪者になると思うけれど、A君は自殺はできないと思うから犯罪者になるだろう」と言ったというのです。この言葉を聞いて両親は深く絶望したといいます。A君の異常行動についての両親の苦しみは極めて具体的であり、深刻でありました。しかし、息子が〝犯罪者になる〟という予測要因が現れた時両親の苦しみの中に観念が流入し、苦しみは一挙に社会化してしまったのではないかと推察します。〝犯罪者〟という言葉が人を深い絶望に追いやるという歴史過程、日本的土壌があることにこそ問題があるのではないでしょうか。そして、この場合、医師による情報(それ自体間違いではないのかも知れない)が、思わぬ方向に人を押しやって行ったと思うのです。

第三に、B君の遺書の中に、今日の総情報化と「表現」という問題に関係してくる、非常に鋭い洞察と指摘があったことです。B君に言わせると、エリートをねたむ劣等人大衆は、好んで次のようなテーゼに自己満足しているというのです。いわく「顔より心、結果より努力、頭が良くても人間として駄目なら駄目だ、受験戦争反対、青春の苦悩、だけど生きるんだ！ あえていばらの道を行く、自殺はよくない、戦争はよくない、原爆の惨劇をくり返してはいけない！ 人間は結局愛ですよ……」(これは遺書の中でくわしく批判されたテーゼを僕がピックアップして並べたものです)これを読んでびっくりしたのは、B君が罵倒しているこれらのテーゼは、すべて僕たちの周囲に日々繰り返されている、今のテレビの、かっこうのテーマ主義そのものだということです。僕ら〝昭和ひとけた〟世代が、いつかどこかで必ず口にしたことがあるはずのこれらテーマの崩壊こそが、登校拒否症で問題となる、父親を通して伝わってこない価値観の不在そのものではないでしょうか。世のおとな達の言うことが、いかに情報のルーティンと化しているか、B君はそれにいらだっていたのではないかと思えてなりません。

第四に、新藤兼人氏の映画『絞殺』が一般には〝開成高校生事件〟をヒントにしたものと受け取られているが、内容はまったく違うということでした。僕は『絞殺』を見ていないので作品批評をする資格はありませんが、新藤氏の著書『絞殺』を買い、シナリオは読んでみました。

本多氏も指摘しているのですが、『絞殺』の或る部分は〝開成高校生事件〟の或る部分とそっくりのようです。しかし全体としては〝借景〟で〝事件〟の本質的な因果関係については、新藤氏自身の独自のテーマで描かれており、〝開成高校生事件〟に噴出した、今日の社会における家庭内暴力の問題を歪曲化、矮小化するおそれを多分にもっている映画だと思いました。新藤氏は「開成高校事件にちょっと似てますけど、全然違うんですね。あの事件に触発は受けましたが、モデルにしてはいないんです。」と言っておられますが、部分的に似ているのは事実です。ここでも僕は〝情報化時代〟における「表現」のむずかしさを感じざるを得ませんでした。それはモデル問題ということもありますが、もっと一般的に、表現者にとって同時代の何かから「触発される」とはどういうことなのか、意図と取材、現象とその裏にかくれた本質との関係、そしてドキュメントとフィクションの問題、表現されたものの受けとられ方の問題として、いよいよ〝総情報化〟が徹底しているなという実感でした。

その他にも多くのことを考えさせられました。僕に大きな緊張を与えてくれた、本多氏の『子供たちの復讐』という本にしても、取材、裁判傍聴、証言、調書のまとめ等から成り立っており、確かにこれはドキュメントなのですが真に全面的にA君、B君のドキュメントとなり得ているかというと、決してそうではないのです。僕ら読者も、本多氏自身も推測でしか語り得ない部分がものすごく多いという、一種のいらだたしさ、にもかかわらず、A君、B君の投げかけた問題は大きく重いということだけは確実にわかるのです。

子どもたちの沈黙

この原稿を書いている時に、小学校二年の女の子の死体が発見され、実は小学校四年の女の子がマンションの屋上からつき落としたのがわかったという報道がありました。これまたショッキングな出来事であります。またしても、○○児童センターの先生や教育評論家は、こぞって「テレビがいけない。テレビで人の命が簡単に扱われている影響だ。テレビのある番組の中で殺された俳優が別の番組に出てくるのを見続けているいまの子には、死の重みがわからない」と談話を発表し(?・取られ)ています。本当にそうなのでしょうか? 本当に? 東京都児童相談センターに預けられた加害者といわれるA子(十歳)は、家庭環境や事件当時の心理を詳しく調べられるのだそうです。A子の沈黙には、はかり知れない重みがあると、僕は考えます。

(18)監督の著作権問題

誠　山際さんとは日本映画監督協会で親しく付き合わせていただくようになったのですが、ぼくが入った一九七〇年は五所平之助監督が理事長でした。

山際　ぼくが入った一九六八年も五所さんでした。その前の小津安二郎理事長のときは、NGまつりとか、イベントを大事にしており、親睦団体的でした。五所さんはやはり協同組合としての交渉ごとをきちんとやってくれた人です。映画一本の監督料は最低限これだけ、テレビ番組一本の演出料はこれだけ、ということを決めてくれました。物価の上昇分、上がったというけれども、現在、これが守られているとは言えない。黒澤明監督も一度、理事長をやってもらいたいという動きがあったけれど、実現しなかった。

研　『日本映画監督協会の1986〜2016』などを読みますと、山際さんは協会でとくに著作権問題について熱心に取り組まれていらっしゃいます。

山際　小説家や脚本家と同様に、映画監督も著作権をもつべきです。著作権があれば、自分の監督した作品を放映するときはテレビ局、ビデオ化するときは製作会社とスピーディ、かつスムーズに話し合うことができます。ほかにも、テレビでの映像の不当な部分使用、ビデオ化の際の追加報酬の未払い問題、また、著作者人格権(改変されない権利)のために声をあげて闘ってきました。

誠　四十年以上も理事を務めていただき、ありがとうございます。ぼくは大島渚と深作欣二理事長のとき、選挙で選ばれて数年間やっただけ。立候補制になってからは一度もやっていません。

山際　でも内藤さんは総会の議長をよくやってくれました。

誠　大島さんなんて、「内藤が議長をやると早く終わって酒が飲めるから」と笑って頼むんだ。

研　この企画であらためて会報を読み、たまにイベントに参加させてもらうと、やっている人はみんな熱いですね。

山際　著作権問題では、見かけはともかく、梶間俊一著作権委員長とぼくが理詰めをこころざして、いろいろ文書を作ります。崔洋一理事長は感覚的で情報通。話し出すと止まらない。

(19)「ロス疑惑」と三浦和義さん

研　いわゆる「ロス疑惑」は一九八四年一月スタートの「週刊文春」連載記事、『疑惑の銃弾』から始まります。一九八一年十一月十八日、三浦和義夫妻がロサンゼルスで強盗に遭い、妻が銃で撃たれて負傷しました。その結果、夫は多額の保険金を受け取りましたが、その経緯が「疑惑」だとされたのです。

誠　重傷の妻を乗せた飛行機を、自らも足を撃たれ、悲痛な面持ちの三浦さんが、発煙筒を振りながら空港で出迎える。忘れられない映像ですね。

山際　その発煙筒を三浦さんに手渡して、あの名場面を演出したのがテレビ局です。その頃からテレビのかっこうな材料にしようと思った報道人がいた。

研　今でいう「文春砲」を合図にマスコミが大騒ぎした。三浦さんのほうもハンサムで、かつ目立ちたがり屋で、写真誌にスワップパーティの写真が掲載されたかと思うと、サブカル雑誌に縛りの写真を出し、逮捕後の公開となるのですが、滝田洋二郎監督、内田裕也主演の『コミック雑誌なんかいらない！』（一九八六年）に本人役で出演したりと、ピカレスクな魅力を発揮しました。

山際　三浦さんは妻とロスに旅行した同時期に、旅費を出して別の飛行機で愛人をロスに呼ぶようなプレイボーイ。経営する輸入アクセサリー会社「フルハムロード」も業績好調で月収百万円。半分は貯金していると言って、世の男性のジェラシーの対象になっていた。

誠　心理学者・岸田秀の『嫉妬の時代』(一九八七年)という本が評判になりました。

研　一九八五年九月、警視庁は三浦和義と元女優の愛人を殺人未遂で逮捕します。容疑は二人が銃撃事件の三カ月前にロスのホテル・ニューオータニで、妻をハンマーで殴打したという殺人未遂事件です。さらに警視庁はその三年後の一九八八年十月、三浦和義を保険金目当てで、フリーウェイ近くの駐車場で妻を何者かに銃撃させたという殺人容疑で逮捕します。銃撃の実行犯として彼とともに逮捕されたのは、仕事のパートナーである男性だったが、その後、男性は一審で無罪となります。

山際　ぼくは運動とか救援のこととなると血が騒ぐ。昼間は子ども番組を演出していても撮影が早く終われば、助監督を連れて、日大全共闘芸闘委支援委員会の活動に行ったりしました。その後も新聞、雑誌、テレビの過熱報道に対し、警察が腰をあげるかたちで生まれる、情報化時代の冤罪について考え、容疑者とされた人の支援をしてきました。

誠　学生時代から一貫しての行動ですね。

山際　ロス疑惑報道のさなか、一九八五年七月、同じ思いの元共同通信のジャーナリスト、浅野健一さんとともに人権と報道・連絡会を結成しました。そして必然的に、一九九四年の一審有罪判決直後からロス疑惑事件救援をはじめました。三浦氏とはウマが合い、家族ぐるみの付き合いにな

サンケイスポーツ

ロス銃撃事件

三浦被告

逆転無罪

東京高裁　一審「無期」を破棄

「ロス疑惑」は逆転無罪―。昭和56年のロス銃撃事件で、殺人罪などに問われた元輸入雑貨販売会社社長、三浦和義被告（50）の控訴審判決公判が1日、東京高裁で開かれ、秋山規雄裁判長は一審の無期懲役判決を破棄、逆転無罪の判決を言い渡した。三浦元社長は閉廷後、釈放。同日夕、約12年9カ月ぶりに東京・小菅の東京拘置所を後にした。【社会面にも関連記事】

12年9カ月ぶりに釈放され、東京拘置所を出る三浦和義元社長

「サンケイスポーツ」1面掲載になった三浦和義氏と山際氏

ります。そのときの弘中惇一郎弁護士には無罪請負人というニックネームがつきましたが、一方でエリートらしいところもある人。ぼくが三浦氏を無罪にするためのアイデアをいくつか出すと、「それはどうかな?」と首をひねりながら、少しは採用してくれる。

誠 法廷での山際さんの立場は?

山際 友人、傍聴人。

誠 その頃かな、大島渚監督が「あの山際が無罪にちがいないと言うのだから三浦氏は無罪にちがいない」とぼくらに言っていた。

山際 でも一審判決は有罪(無期)。その年の十一月に、ぼく、浅野健一、弘中惇一郎、三浦氏の娘というメンバーで、ロサンゼルスに行きました。当時、有力な目撃証言だった、「現場から二四八メートル離れた水道電力局のビルの八階から四人の職員が、はたして事件を見ることはできたのか?」「真犯人は、この角度から三浦夫妻に銃弾を撃ちこむことができたのか?」など、ぼくがビデオをまわして、再現実験をしました。

誠 そういうとき、みなさん、ロスには自前で行くのですか?

山際 いや、三浦氏が全額もってくれました。対マスコミの名誉棄損裁判では、ことごとく勝訴していたからね。その後、高裁では、再現実験をもとに、弘中弁護士が「ここ裁判所八階の窓から二四八メートル先にある桜田門にいる人間の姿が見えますか?」と主張した。いっぽう、裁判官のほうも「三浦氏の引きちぎれたシャツのボタンがアメリカの現場で見つかったのだから、彼の自作

〔15〕 ☆ 1998年(平成10年)7月8日(水曜日)

SCRAMBLE

逆転無罪を支えた友人に敬意

言いたい放談

大島　渚

いわゆる「ロス疑惑」の東京高裁判決で逆転無罪となった三浦和義被告が、その日の夕方、東京拘置所から出てくる姿をテレビの映像でご覧になった方は多いと思う。

私も夕飯を食べながら見ていた一人だ。そして私はびっくりした。三浦被告と一緒に、私の友人がいるのを発見したからだ。

お気付きになっただろうか。すっかり太ってしまって面変わりした三浦被告の前に、白髪の上品な紳士が付き添っていたのを。彼は三浦被告に付き添って一緒に拘置所の中から出てきたように見えた。

私がびっくりしたのは、ほかでもない。彼がこの裁判にかかわっているということは、かすかに聞いていたが、肝心の高裁判決の日に付き添って一番身近な場所にいるほど、深くかかわっていようとは思わなかったのである。

ここで彼の氏名を明らかにしてもいいと思うのだが、彼自身特に名乗ってはいないので、このまま彼で通そうと思う。

彼とは、まだお互いに助監督だったころからの友人である。属する撮影所は違ったが、明日の映画監督を目指して勉強会をやったり、雑誌を出したりしていた。

監督になったのも同じころだったので、芸術的にも同じ一派の人間と目されたこともあった。そのうち彼の属する撮影所はつぶれ、私もフリーの監督となったが、その後も私たちは監督協会のメンバー、あるいは役員として、ともに活動することが多かった。

そんな中で、彼の誠実な仕事ぶりは仲間の信頼を集めたが、彼はそのほかに冤（えん）罪の人を救うための裁判にいくつかかかわっているという話だった。

裁判は監督協会自身も私も抱えており、それらに対する彼の熱心な取り組みはよくわかっていたが、それ以外に関しては私はよく知らなかった。

その中に「ロス疑惑」まで含まれていると聞いて、いささか驚いた記憶がある。

しかし、彼はだれにも言わずに、「ロス疑惑」事件の裁判に対する取り組みを黙々と十数年もやり続けたのであった。

私は、三浦被告の前に立って東京拘置所から出てきた彼の姿に衝撃を受け、感動した。

「ロス疑惑」にいまだに疑惑をもっている人は多いと思う。それが世の中の大勢であったのだ。その中で少数意見をつらぬいて、三浦被告を支え続けた友人に私は敬意を表したい。

（映画監督）

「東京新聞・朝刊」（1998年7月8日）の大島渚監督のコラム

自演ではなく本当に暴漢に襲われたのだろう」と、ぼくたちも考えていなかった好意的な発言もあり、びっくりしました。裁判は一九九八年に高裁、二〇〇三年に最高裁と、無罪を勝ちとります。誰も判決文を読まないでしょうがね。大島渚さんが東京新聞のコラム欄でぼくのことを書いてくれました。嬉しかった。

誠　山際さんが三浦氏に寄り添って東京拘置所から出てくるテレビの映像が記憶に残っています。ぼくは平凡社新書の『昭和映画史ノート』(二〇〇一年)で、「『昭和モダン』としてのタアキイ企画」という文章を書くくらいだったから、水の江滝子との関係も気になりました。

山際　実子ではないかという噂まで流れましたが、そんなことはなく、三浦さんは甥です。建築関係の立派なお父様がいて、裁判費用の面倒も見ていました。無罪になってから、三浦さんはおばの水の江さんには迷惑をかけたのだから謝りに行ってくると、素直に彼女の隠居先の箱根にとんでいった。

研　三浦氏は亡き妻の悪口を言わないところもカッコいいと思った。

山際　カッコいいけど、ロス疑惑の発端は、もともと妻と愛人の痴話喧嘩から始まったのです。その喧嘩は「殴打事件」と呼ばれていましたが、実は「転倒負傷事件」です。その愛人の元女優の故郷である会津・只見にぼくは真冬の雪の中、行ったことがありますが、こうした田舎で育つと、東京に野心を抱くようになるだろうなと思いました。

誠　三浦事件を映画化してみたいと思ったことは？

山際　ぼくは全然できません。やった監督はいます。しかし作品としてはよくありませんでした。

誠　助監督部のシナリオ誌に「犯罪者の肖像」という、現実の事件を素材にしたシナリオを書いて載せたりしましたが、われわれはとかく習性として、不可解な事件に出会うと映画化を考えてしまう。山際さんはその点まず、正義感から事件に対応なさるので尊敬します。

山際　必ずしも正義感ばかりではないのです。半分は好奇心です。神戸で子どもを殺した少年はなぜ、子どもの首を学校の門にかかげたか？　新潟で少女を何年間も監禁した男は、彼女との間にどのような人間関係があったのか？　ドラマにできない事件の真実を知りたいのです。

研　三浦氏とのその後のお付き合いは？

山際　ぼくの家にもよく来て、支援者への手紙の封筒詰め作業とか一緒にやりました。酒は飲まない礼儀正しい人で、ぼくの妻も三浦氏が来ると歓迎していました。二〇〇八年、サイパンへ行く。そこで、日本で終わったはずの同じロスでの事件について、アメリカでは共謀罪があるとして再び逮捕されて、ロスの警察に移送されました。「がんばります」と言っていたので、いまだに自殺とは思えないのです。

論評(5) 『十一年目の「ロス疑惑」事件』(現代人文社、一九九七年)

運動論的「ロス疑惑事件」考　山際永三(人権と報道・連絡会事務局長)

マスコミ情報に頼った捜査

〈銃撃事件〉の控訴審に証人として現れた捜査官・若林忠純警部(当時)は、いかに自分たちが週刊誌やテレビの情報に飛びついて銃撃実行犯(複数)を探索したかを、臆面もなく述べたてた。無罪になったOさんが、ロスで三浦さんの仕事を手伝うかたちで一番身近にいた人であり、かつ、共犯者としての容疑などないことを、警察はよく知っていたがために、若林らは他の実行犯を求めてマスコミ情報に飛びつき、それがすべてガセネタとわかったあと、結局またOさんに戻ってデッチ上げのストーリーを完成させたのである。

〈ロス疑惑事件〉は、捜査の端緒からマスコミ情報が先導していたという意味で、まさに「情報化時代の冤罪」といえる。三浦さん、Oさん、Yさんにとっては、降って湧いたぬれぎぬで困惑させられるさまざまな要因があったうえに、週刊誌・テレビから新聞にまで拡がる大騒ぎによって、事態は最悪なものになっていった。

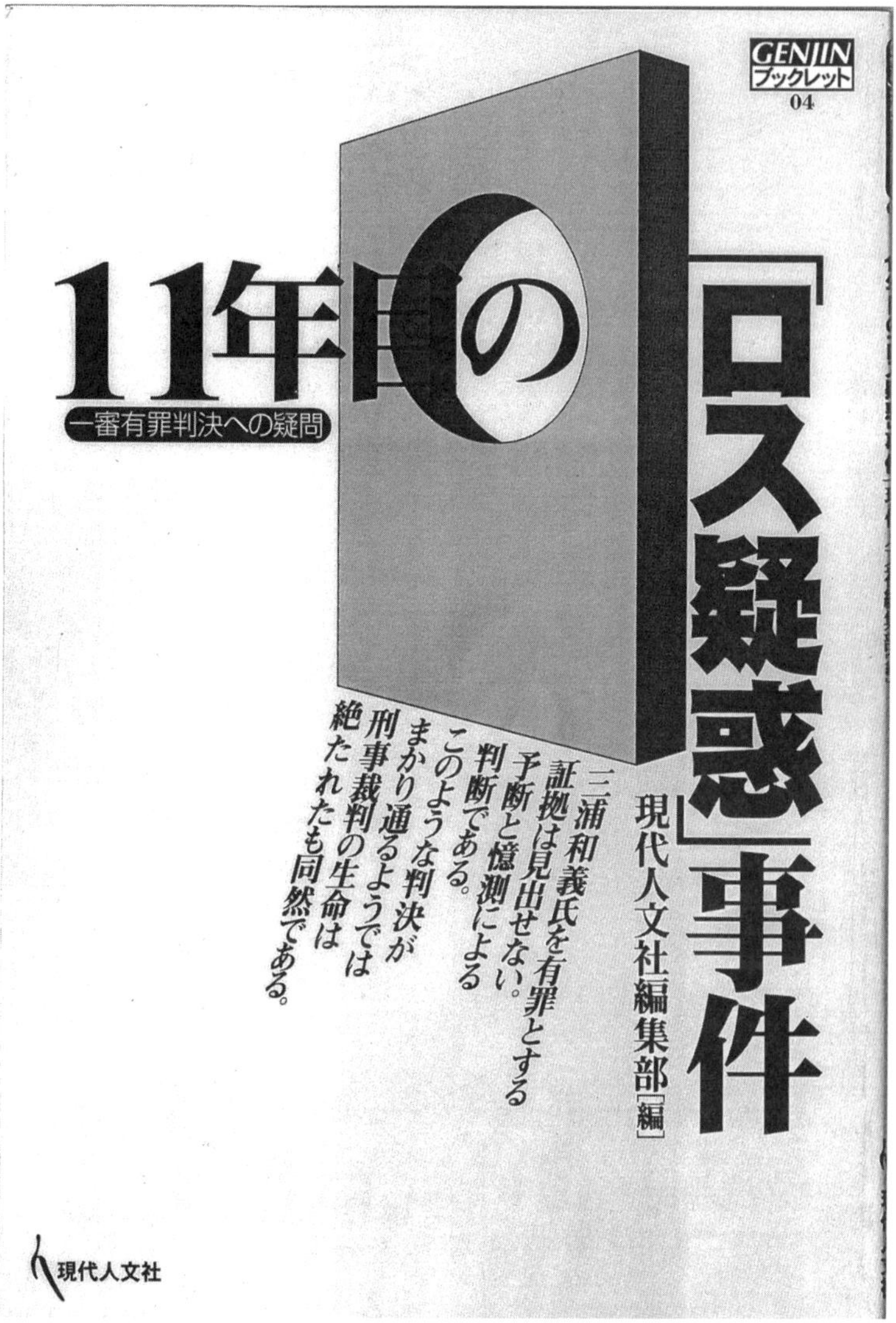
GENJIN ブックレット 04
11年目の「ロス疑惑」事件
一審有罪判決への疑問
現代人文社編集部［編］
三浦和義氏を有罪とする
証拠は見出せない。
予断と憶測による
判断である。
このような判決が
まかり通るようでは
刑事裁判の生命は
絶たれたも同然である。
現代人文社

マスコミ先導型冤罪の系譜から

最も顕著なマスコミ先導型冤罪〈ロス疑惑事件〉の一八年前、やはりマスコミの役割が問題となった冤罪事件があった。〈千葉大学腸チフス菌事件〉である。一九六四年から六六年にかけて、千葉・静岡両県の複数の病院内で衛生管理が悪いため伝染病が発生し、厚生省が困って調査するうちに、魔女狩り的に一人の医師が感染原因としてデッチ上げられた。厚生省技官からの情報リークを受けた新聞が疑惑を書きたて、その医師は保菌者ではないかと強制的に隔離入院させられ、新聞記者が病院に押しかける騒ぎになった。そのあとを追って千葉県警が捜査を開始した。《疑惑の医師／故意に菌をまいた?／今日にも令状／実験?・恨み?・興味?》などの見出しが躍り、S医師の私生活や性格なども興味本位に書き立てられた。やがてS医師は逮捕され、拷問と脅しによって「自白」をもぎとられるが、起訴後二年半で保釈され、弁護団の努力が実って第一審では完全無罪を獲得した。

その判決書には《マスコミによる圧迫》という項目がたてられ、報道のあり方を厳しく問う認定が明記された。《朝日新聞朝刊記事（S医局員を逮捕へ、傷害致死または殺人の疑い）のように、当時いまだ強制捜査の方針すら捜査当局にはなかったにもかかわらず、あまりにも大胆な見込み記事を登載した例もみられる。一方、被告人がK病院に入院中、報道各社は病院をとりまいて取材をきそい、ときには公開質問状を発し、退院、任意同行にあたっては、百人以上の報道関係者が被告人を包囲し、すこぶる混乱をきわめ、また拘留質問時における裁判所内外での情況も大同小異であった》《法の運用あるいは被疑者の人権との関係で、この〈ペーパー・トライアル〉とも評すべき状態は、もっと自制されるべきものと思われる》と判決は指摘し、さらにマスコミ報道の影響で証言の中身が曲げられる危険性も危惧している。《本件のように連続犯行の可能性が打ち出された事例では、マスコミ報道によって従来浮上していなかった被害者群がぞくぞくと名乗りをあげ、すべてを被告人に結びつけようとする傾向の生ずることである》——証人たちがマスコミに影響されて思い込みの情報を証言してしまうことの恐ろしさを、この判決はみごとに指摘したのである。

マスコミ批判の知恵を失う司法界

画期的だった〈千葉大事件〉一審判決の指摘は、〈ロス疑惑事件〉にも完全に当てはまる重要な意味をもっていた。ところが〈千葉大事件〉は二審で逆転有罪(懲役六年)となり、最高裁で確定してしまった。マスコミ・警察の連合軍が勝利して終わるという非常に残念な結果となったのである。以来、司法界はいよいよマスコミに毒される構造に落ち込んでいく。

〈千葉大事件〉発生から八年後、同じ千葉県警がからむマスコミ先導型冤罪が小野悦男さんの事件(首都圏連続女性殺人事件)だった。〈千葉大事件〉で医師を拷問した取調官・大矢房治が再び小野さんに対する拷問者となり、殺到するマスコミ記者を自在に操って利用した。あとで法廷で明らかとなった「自白」の変転に即して、その時期ごとに、取調官でなければわからない密室のようすがリークされ記事になっている。小野さんは《暴行焼殺魔／女の敵／史上最劣の殺人鬼》などと決めつけられ、十件十二人の殺人犯人と書き立てられたが、起訴されたのは一件だけ、その裁判が一六年七カ月後に逆転無罪となった。

小野さんは、「社会復帰」をきちんと果たすことが困難なまま、残念ながら九六年に新たな事件を起こしてしまい、マスコミにバッシングされた。二二年前に《殺人鬼》と呼ばれた人がいったん名誉回復されたはずのところ、再び《殺人鬼》と呼ばれることになったのはなぜかを問題にする論調は少なく、便乗的な〈人権派〉バッシングが横行した。

一九八〇年の〈イエスの方舟〉事件もまた情報化時代の冤罪である。小さな信仰者集団に妻や娘を〈拉致〉されたと騒ぐ家族たちに便乗して、大多数のマスコミがその集団を邪教扱いした。警察は〈教祖〉のS氏を逮捕したものの結局起訴に至らず、裁判にはならなかった。信者たちは、S氏を「おっちゃん」と呼んでおり、しがらみの家族よりも信仰による共同体を求めたにすぎなかった。さんざんに煽り立てておいて、決着したあと十分な反省もしなかったマスコミ状況が、〈ロス疑惑事件〉につながっていると思う。

こうした、いわば前史を踏まえて〈ロス疑惑事件〉を考える必要がある。

運動論からみた「負」の要因

〈ロス疑惑事件〉が始まった一九八四年、私はマスコミの大騒ぎを苦々しく横目で見ながらも、私が支援していた小野悦男さんの第一審が山場だったため、三浦さんたちに具体的に関わっていく余裕がどうしてもなかった。小野さんの裁判自体、検察側証拠に対して弁護側が十分な反証をあげても裁判所からはとかく冷たくあしらわれるありさまで、《十件十二人の殺人鬼》のイメージを払拭することが容易ではなかった。ちょうどその頃『犯罪報道の犯罪』を出した浅野健一さんから、なんらかの市民運動体を作ろうという誘いがあり、私もその必要性を痛感していたので、「人権と報道・連絡会」の準備を開始した。

浅野さんもしばしば書いているとおり、七四年の小野さんの事件が私たちの運動の契機となっていたのだが、立ち上げまでに十年の助走・発酵の期間が経過していた。実際の会の発足はまさに〈ロス疑惑事件〉と同時並行的に進んでいったのである。八五年五月に私たちは第一回人権と報道を考えるシンポジウムを開催し「市民的基盤をもつ報道評議会をつくろう」をスローガンにかかげた。同年七月には発足総会を開いた。その司会者は、のちに三浦さんの弁護人となったI弁護士だった。九月には三浦さんが逮捕された。――時代が〈ロス疑惑事件〉を生み、私たちの運動も必然的に動き始めた。

以来、三浦さんは獄中で十二回目の正月を迎えることになった。私たちの運動は、どれだけの成果をあげたか、じくじたる思いを禁じ得ない。私は、一進一退の大きな綱引きだと考えることにしている。綱引きのこちら側を助けるために駆けつけてくれた多くの仲間がいると同時に、こちら側から向こう側に行ってしまったのではないかと疑いたくなる人もいる。発言と行動のねじれ現象が多い昨今である。

三浦さんについていえば、冤罪を晴らすという動きに対して、「負」の要因となる多くの動きがあったと思う。いまの段階で、それを純客観的に記述することは困難だが、問題点のうちの主なものだけでも、私たちの運動自体がもつ力量不足として明らかにすることによって、三浦さん自身が置かれた立場も明らかとなり、「負」の要因を一つずつ取り除いていけば、必ずや三浦さんに有利な展望も開けてくると確信する。

弁護を困難にするマスコミ状況

三浦さんが銀座東急ホテルで逮捕された際のテレビ録画を最近見たが、あらためてその異常な雰囲気に驚かされた。「只今、三浦を逮捕しました！」と絶叫を繰り返す顔見知りのアナウンサーが若く見えることも驚きだった。世の中がひっくり返るような大騒ぎである。マスコミは自ら作り上げた〈疑惑〉フィーバーの渦中に三浦さんをたたき込み、一言喋らせては揚げ足を取って「嘘つき」を連呼し、頼み込んで出演させておいて「出たがり屋」と蔑んだ。「三浦が怪しい」と証言する者には多額の報酬が支払われた。関係者にはそれぞれ「○○番」の記者が張りついて相互不信を煽った。三浦さんの元の妻の実家の人々に憎しみを植えつけ、ロスにまで連れていって市警察に疑惑を訴えさせた。三浦さんにとって圧倒的に不利な状況がどんどん膨れ上がっていった。こんなにまでマスコミに翻弄された人はいない。

逮捕された後、三浦さんに着任してくれる弁護士がいなかった。多くの弁護士が、希代の〈疑惑人〉を弁護して世論に叩かれることを嫌い、マスコミの取材攻勢を恐れて尻ごみした。

かつて司法界に「過激派の弁護はしない」という風潮が蔓延したことがあった。今日、「オウムの弁護はしない」という弁護士が多く、「弁護排除」が繰り返されている。三浦さんもそうした司法界の「負」の傾向に晒された。九月に逮捕されて、I弁護士らの弁護団が着任してくれたのは十一月だった。その間三浦さんは、一通の「自白」調書も取られることなく頑張った。奇跡的である。三浦さんの、事件を否認する意思がいかに強固かが再確認できる。I弁護士は、弁護団ができるまでの苦労を、当時の「朝日ジャーナル」に書いている。

弁護団解任という「負」の要因

私たちは、「人権と報道・連絡会」の会員でもあったI弁護士が引き受けてくれたのでほっとした。その時にもっと積極的に支援を盛り上げるまでできなかったことは、まったく私たちの「負」の責任である。

ところが、三浦さん本人と弁護人の間にまで、マスコミの魔手が伸びていったとしかいえないような、微妙なねじれ現象が起きていった。十カ月後、これから弁護側立証に入ろうとする時に、三浦さんと弁護団の信頼関係が決定的に損なわれ、遂に解任という事態になってしまった。その局面に立ち会っていない私たちには、詳細を論評しにくいものがあるが、第三者的に冷たくいえば、被告人と弁護人の信頼関係が破綻することは、しばしばあって、やむをえないこととともいえる。相性の問題もあるだろう。次善の策を立てるしかない。

この時も私たちは、三浦さんには申し訳なかったが、積極的に関わることができなかった。

残念なのは、解任されたI弁護士が、「週刊文春」や「週刊読売」に自分の立場を弁護し、三浦さんを非難する「手記」を公表したことだった。これには私たちは、びっくりした。獄中に捕らわれた人の立場をあれほどわかっているはずの弁護士が、そしてマスコミの理不尽な暴力性をあれほど批判していたはずの弁護士が、客観的にみれば、マスコミに踊らされているとしか思えない態度で自分を弁護し、三浦さんのわがままぶりを「幼児のよう」と非難するとは、信じられない思いだった。I弁護士は、自分の力量不足を社会に詫びるとも書いている(詫びてもらう必要はない。社会こそ悪いのだ)。疲れ果て、去来する思いを社会にぶつけたいという気持ちもわからないではない。しかし、事は進行中の刑事被告人に関することである。しかも、社会全体から非難が集中している被告人である。いかに信頼関係が損なわれたからといって、弁護人だった人が被告人を非難してはいけないのではないか。I弁護士は、マスコミに「手記」を公表した瞬間に、弁護士ではなく「文化人」になってしまったのだ。

「負」の要因を取り除くため

〈殴打事件〉は、国選の弁護士に受け継がれ、有罪判決となり、控訴審からは現在の三浦弁護団（弘中惇一郎弁護士ら）が受任してくれた。〈殴打事件〉一審判決後、三浦さんとOさんが〈銃撃事件〉で起訴され、三浦さんには同じ弁護団がついて、本人と非常に良好な信頼関係を維持したまま今日に至っている。

こうした弁護の経緯を、私がことさらに蒸し返したのは、通常の事件ならとうてい起こらないはずの「負」の要因が三浦さんに関しては幾重にもあったという事実を、多くの人に知ってほしいからである。I弁護士との確執・解任が、有罪判決に直接的に影響したかどうかは不明だ。しかし、関係者の人間関係までも狂わせる恐ろしさがマスコミにはあるということを指摘したい。「負」が積み重なって、三浦さんの十二年にわたる獄中の苦境があるということを強調したい。そうした要因の一つ一つを取り除けば、〈ロス疑惑事件〉は少しも複雑な事件ではなく、巨大なマスコミの蟻地獄だったことが明らかになると思う。その蟻地獄から三浦さん、Oさん、Yさんを救い出さねばならない。

新たな運動の構築を目指し

私たちが期待していた〈銃撃事件〉の一審判決は、無残なものだった。Oさんが無罪になったのは当然で、よかったのだが、三浦さんは、Oさん以外の氏名不詳の何者かに殺人を依頼したとして無期懲役を宣告されたのである。共謀の立証は具体的な日時・場所・相手を特定することが必要だが、この判決は、銃撃実行犯はどこかにいるとしたまま、なにがなんでもマスコミが膨らませた〈疑惑〉をそのまま追認しようとするものだった。

私たちは判決後たまりかねて、何人かの刑事法学者や弁護士と相談し、一九九四年十一月に『アピール／三浦和義さんに対する判決への疑問』を公表した。当初四十人の呼びかけ人で出発した『アピール』は、現在約二百人に増えている。今後も輪を拡げていく予定だ。

私や浅野健一さんは、弘中弁護士や三浦さんの娘さんとともにロス現地を訪れて、現場を見たり、いくつかの再現実験を試みた。そして、ますますこの事件が日本のマスコミと警察、さらにロスの警察・検察を巻き込んでの冤罪であること、事件の実態は、アメリカ銃社会の不幸な強盗事件なのだということを確信した。

「人権と報道・連絡会」の運動の成否も、〈ロス疑惑事件〉の冤が晴れるかどうかに連動するだろう。

(20)石井輝男プロダクションのこと

誠　最後になりましたけれど、瀬戸恒雄さん(プロデューサー)や本田隆一さんたちと一緒に、石井プロダクションのことも、しっかりやっていただいていますが、少し話してください。

山際　石井さんが『ねじ式』（一九九八年）を撮る準備を始めたとき、青野暉監督が石井さんに手伝ってくれと声をかけられて、申しわけないが断ったと言っていた経緯がありまして（笑）

誠　ぼくは『ゲンセンカン主人』（一九九三年）の企画書を書き、「シナリオ」誌で宣伝のための対談を石井さんとやりました。脚本も書くようにと言われたのですが、どうせ石井さんが書き直すのだからと言って、そのほうは断りましたが（笑）

研　ぼくは『ゲンセンカン主人』と『無頼平野』（一九九五年）に出演させていただきました。石井監督はカットが細かいし、シナリオにないことも現場で盛り込むので、役者は楽しいけど、スタッフはたいへんだと杉作J太郎と話していました。

誠　ぼくも『無頼平野』のとき、突然呼び出されて、由利徹、桂千穂と一緒に血を売る男たちの役をやらされました。まあ、久しぶりに由利さんと会えて、よかったけど。

山際　石井さんが体調をくずされてから、新東宝時代の青野と山際、東映時代の橋本新一（故人）と瀬戸の四人が呼ばれて、「石井プロを頼む」と。一同、はい、と言ったわけ。

昨年（二〇一七年）は『江戸川乱歩全集／恐怖奇形人間』（一九六九年）、今年（二〇一八年）は『ゲンセンカン主人』のDVD化が実現し、十三回忌のイベントをやりました。縁の深かった網走への毎年の墓参やご当地のオホーツク映画祭への協力など、楽しくやっています。

もうひとつ気になっていることがあります。石井プロ若手の下村健さんや松元誠さんから石井監督の『地獄』は、山際の思想性と矛盾するのではないかと突っ込まれたことがありました。そのとき私は、映画監督はどんな作品を作ろうとも自由だと建前で答えたのですが、内心矛盾を感じていました。石井監督については東映京都撮影所での批判運動（一九六九年）のときは伊藤俊也さんや小松範任さんを支持した私としては、なおのこと平気ではいられません。あくまでも言い訳になってしまいますが、石井さんは、文春などマスコミのオウム裁判記録をもとに『地獄』を作りました。しかしオウム裁判自体、真実解明になっていないのです。特に井上という弟子の証言が裁判の骨格となっており、その井上死刑囚が以前の証言は間違っていましたと言い出して再審請求を始めたばかりのところで今回の死刑執行がありました。口封じとしか思えません。村井という幹部の刺殺事件も口封じで、実行犯は軽い刑罰で終わり、その人に指示したとされた者は無罪になっています。その他警察庁長官銃撃事件もうやむやですし、松本サリン事件の発生時刻の問題も無視されたままです。臭いものには蓋という司法のありかたは、日本社会の価値観を大きくねじ曲げたと考えています。

論評(6)　オウム事件の意味　（山際永三）

アメリカの新宗教雑誌「ＳＹＺＹＧＹ」に書いた論評の日本語版

一九九五年に起きた「オウム真理教団関係の事件」は、日本の社会に対して、はっきりとは眼に見えにくいが非常に深刻な影響をもたらしている。

オウム真理教と人権

1999年11月　群馬県藤岡市役所

新宗教・文化ジャーナル
『SYZYGY』
特別号日本語版

12人が語る（掲載順）

James Lewis

米国ウィスコンシン大学宗教学部
(Religious Studies Department at the University of Wisconsin)
にて教鞭を執っている。新興宗教に関して広範囲に書き著わしている。

福田　雅章

一橋大学法学部教授（刑事政策）

浅野　健一

人権と報道・連絡会世話人
同志社大学文学部社会学科教授（新聞学）
元共同通信記者

山際　永三

人権と報道・連絡会事務局長
オウム裁判対策協議会世話人
映画監督

木附　千晶

ジャーナリスト

三山　巌

人権と報道・連絡会会員

黒川　高

オウム真理教に対する強制捜査を考える市民の会世話人
「エホバの証人」高校生排除問題を考える会世話人

大今　歩

オウム真理教に対する強制捜査を考える市民の会世話人
「エホバの証人」高校生排除問題を考える会世話人

寺西　和史

判事補（仙台地方裁判所勤務）

千代丸　健二

人権110番主宰
オウム裁判対策協議会世話人

神坂　直樹

オウム真理教に対する強制捜査を考える市民の会世話人
「エホバの証人」高校生排除問題を考える会世話人
法曹資格保持者

三浦　英明

人権と報道・連絡会会員
DNA問題研究会会員
M君裁判を考える会会員

日本のマスメディアは、欧米のマスメディアにくらべて、より一層画一的という欠点を持っているが、そのマスメディアは一斉に「オウム信者さえいなければ、日本は幸せな国だ。オウムをつぶすためには、何をやっても許される」というキャンペーンを一九九九年の現在までやり続けている。実際に、日本の国会では、オウムのような危険な団体をつぶす目的で、「組織犯罪対策法」(これには通信の盗聴を警察に許す法律、犯罪によって得た収益と疑われる預金について銀行は密告する義務をもつ法律などが含まれている)などが成立してしまった。日本は、警察国家への道を大きく前進した。歴史には多くの前例があるが、特殊な恐ろしい犯罪事件をきっかけとして、その恐ろしさへの反動として、美しく見えるスローガンが人々の眼を狂わせ、結果として警察と保守的政治家が権力の基盤を強固にする。その意味では「歴史は繰り返す」ようにも思えるが、「オウム事件」には、いままでの日本の歴史にはなかった新しい要素が内在していると思われる。

私の立場

私は、一九三二年生まれで無宗教主義者、映画監督を職業としてきた。一九七〇年代の「ウルトラマンシリーズ」など子ども向けのドラマを多く監督してきた。私は、政治には関心があるが、政治家にはなりたくない。私の信念によれば、どのような政治家が国家を運営しても理想に近づくのは困難だ。私は政治家に、せめて戦争だけは避けて、環境汚染をできるだけ減らし、なるべく民主主義的な社会にすることを努力してもらいたいと希望している市民である。私は自分が映画の仕事をしていただけに、日本におけるマスメディアのあり方には関心を持ってきた。マスメディアが大きくなり、立法・行政・司法の三権力に次ぐ第四の権力になることによる弊害が多いことを危惧してきた。とくに犯罪事件や事故の報道が、警察情報に片寄ることにより、書かれたり写されたりした人々の人権侵害が起こることを防止しようと考え、仲間とともに一九八五年から「人権と報道・連絡会」という市民運動を始め、私はその事務局長（無報酬）となった。

オウムとの出会い

私が「オウム真理教団」を意識したのは、一九九〇年だった。その年の国会議員選挙に「麻原彰晃教祖」はじめ二十五人の信者が立候補し、街頭でそろいの派手な衣装を着た女性が踊ったり歌ったりしているのを見て、奇妙な新興宗教が現れたものだと考えた。選挙で全員落選したあと、九州熊本県の山のなかに手作りの家を建てて百人くらいの信者が住み込み、村の行政当局や住民とトラブルになっていることを知った。この時も、私にとって「オウム」は遠い存在だった。日本には多くの新興宗教があって、そのなかには、ときどき非常識なパフォーマンスが、また、娘を誘拐されたと騒ぐ親の姿がマスメディアで騒がれることがあった。マスメディアは、ほとんどの場合、新興宗教を徹底的に非難するキャンペーンを展開していた。

一九九一年十月の「人権と報道・連絡会」月例会には、「オウム」の顧問弁護士である青山弁護士に来てもらって、熊本でのトラブルやマスメディアの「オウム」非難報道について見解を聞いた。そのとき青山弁護士は、横浜でオウム反対の活動を始めていた坂本弁護士の一家失踪事件について、理由のはっきりしない疑いをかけられて困っていると述べていた。一九九五年になって、逮捕された数名のオウム信者が坂本弁護士・その妻と幼児の三人を殺害したことを自白しているから、一九九一年の時点で青山弁護士は私たちを騙したのかもしれない。しかし青山弁護士は、坂本弁護士一家殺害について知らされていなかったのかもしれないし、詳細は不明である。

一九九四年六月に、長野県松本市で「松本サリン事件」が起こり、住宅地の数カ所で窓から毒ガスが入り込み、七人が死亡した。翌日から、警察とマスメディアは現場近くに住む会社員の河野さんが犯人に間違いないとのキャンペーンを始め、河野さんは長時間にわたって警察によって取り調べられた。彼に関しては、何の証拠もなかったために、逮捕・起訴はされなかったが、それから一年間にわたり、彼は「松本サリン事件」の犯人と見なされ続けた。彼の妻は、サリン中毒により、一九九九年現在も病院に入っている。一九九五年になって逮捕された数名のオウム信者が「松本サリン事件」を自白したが、その自白は、いくつかの点で客観的な事実と矛盾している。事件は、夜十一時頃に起きたとされているが、夕方六時頃、また、七時頃から九時頃にも異常を感じていた人々がいたことが確認されている。毒ガスの影響が、ガスを撒

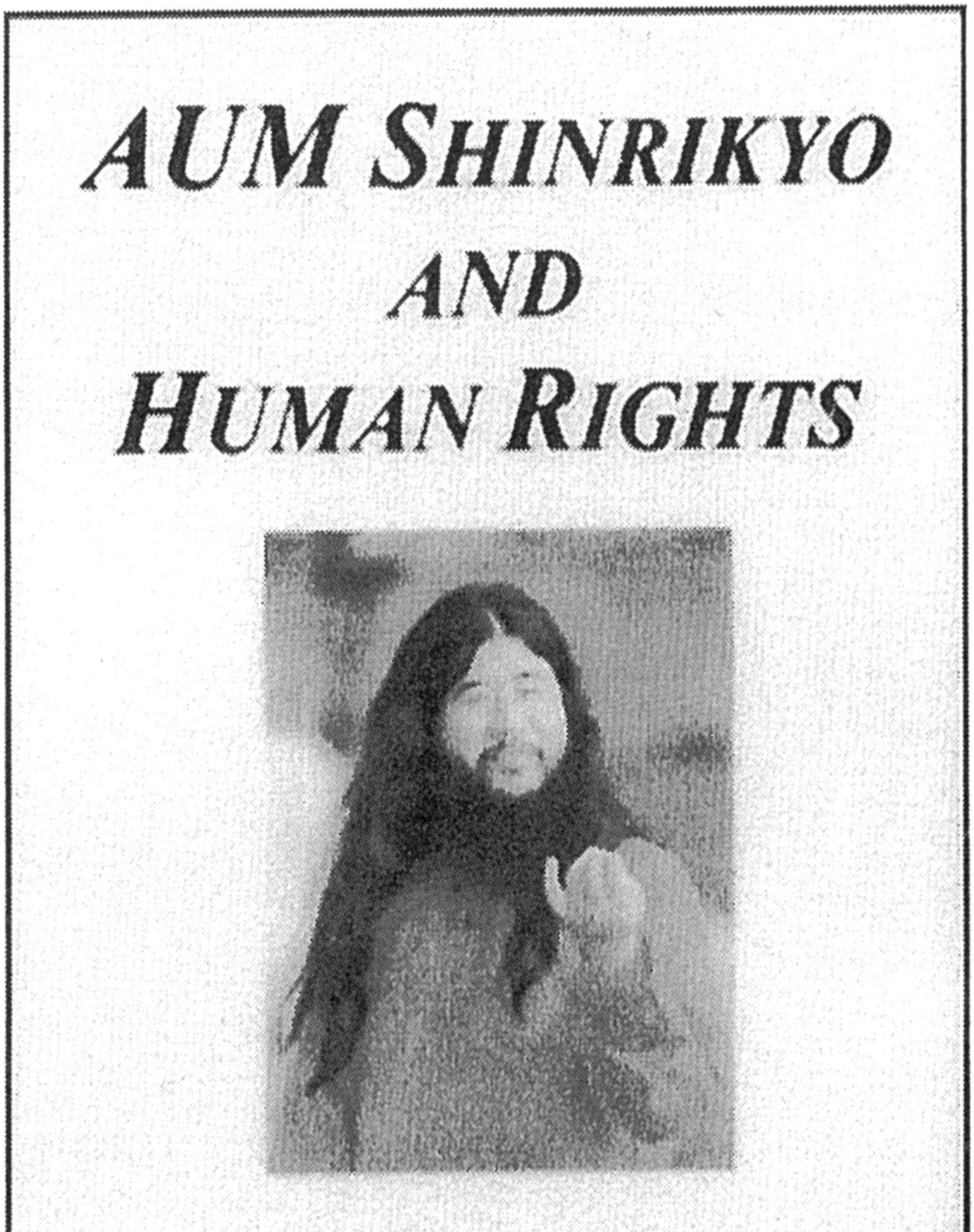
AUM SHINRIKYO
AND
HUMAN RIGHTS
A Special Issue of:
SYZYGY: Journal of Alternative Religion and Culture
Volume 8
1999

いた後に残ることはあり得るが、撒く前にも存在していた事実は、毒ガスを撒く行為が複数回あったのか、あるいは別のグループもいたのかのどちらかだと考えられる。

オウム事件の謎

一九九五年一月一日の読売新聞(発行部数日本最多)は、オウムの富士山麓に作られた建造物の周辺から、サリンの痕跡が検出されたと報道した。これが事実であるならば、警察は富士山麓のオウムの建造物およびそこに出入りする人々への監視を強めることが可能だったはずだ。ところが、警察は、三月二十日の「地下鉄サリン事件」の発生を予防することに失敗した。三月二十日には、首都東京の政府機関が集中している場所を中心とする地下鉄の車内で、同時に数カ所でサリンガスらしき毒ガスが撒かれ、十一人が死亡し多数の人が病気になった。この無差別テロには多くの日本人が驚愕し、一種の社会ヒステリー状態が生まれた。この「地下鉄サリン事件」をきっかけとして警察は大々的にオウム弾圧にのりだし、多くの「オウムの犯罪」を暴露し、その大部分が「麻原彰晃教祖」の命令で「オウム真理教団」の幹部が実行したことが明らかとなり、彼らはそれぞれ複数の罪名で逮捕され、裁判にかけられた――と、公式には発表されている。しかし、真相はいまだ闇のなかにあり、私は、現在裁判で検察官が主張し、マスメディアが書き立てていることが真実だとは到底考えられない。おもてむきには三月二十日に突然サリンを撒かれたことになっているが、実は前日の十九日には多数の警察官が埼玉県朝霞市の陸上自衛隊の基地内で、毒ガス対応のマスクの装着訓練をやっていた事実がある。警察は、少なくとも何者かが毒ガスを使いそうだという情報を掴んでいた。また、十九日には、当時の「オウム真理教団」本部があったビルの入口に火炎瓶(ガソリン入りの瓶)が投げつけられて発火した。これは後で、オウム信者だった自衛隊員が「オウム真理教団」が何者かによって攻撃されていると見せかけるための偽装工作だったとされているが、なぜ十九日なのかは解明されていない。「オウム真理教団」の幹部と警察幹部とのあいだに(その間にさらに別の人物も介入していた可能性も含め)、十九日の段階で秘密情報のやりとりがあり、たとえば「サリンを撒く」「いや、やめさせろ」「いや、もう間に合わない」といった、ぎりぎりの駆け引きがあったことをうかがわせる。さらに、一九九四年の九月には、サリンについての差出人不明の手紙がマスメディア各社に送られていたという事実もある。その手紙が何を意味しているのか、多くの情報が閉ざされている。

私の問題提起

私は、この論文で、「オウム事件」の全貌を明らかにすることを目的としていない。事件の数は多く、「坂本弁護士事件」や「地下鉄サリン事件」のように、オウムの信者が外部に対して起こしたとされる事件と、毒ガスや武器を製造したこと自体が犯罪とされた事件と、「オウム教団」から逃げだそうとしてリンチを受け殺されたという事件などがある。それらの事件の他、ビルの駐車場に車を駐車したことが違法(建造物侵入)とされたり、ビラをポストに入れたこと(住居侵入)、偽名でホテルに宿泊したこと(文書偽造)、住民登録をしていない場所に住んでいたこと(公文書不正記載)、警察官が自分自身でころんだところを側で見ていたこと(公務執行妨害)なども違法とされ、多くのオウム信者が逮捕された。したがって、逮捕された四百数十人のオウム信者のうち起訴された者は百数十人にすぎない。保守的な政治家や警察の幹部は、どのような法律を口実に使ってもいいから、オウムをつぶすようにと命令したのである。

私は、「オウム事件」の中心部分は闇のなかにあり、裁判によって解明されるとはかぎらないと考えている。私は、この論文で、私がそう考えるに至ったさまざまな兆候と、「オウム事件」が日本の社会の全体にもたらした影響の大きさ、日本の社会がなぜオウムを生みだしたのかについての考察の概略を記述してみたい。

オウムの信者たち

私は、一九九五年六月ころから「オウム真理教団」の複数の信者と会い、多くの問題について話を聞いたり彼らの住居を訪ねたりする機会を得た。私と顔を合わせる信者は「教団」の幹部ではなく、「犯罪事件」のことは全く知らなかったという。彼らは、富士山麓の倉庫のような建物に居住して修行している時に、ヘリコプターから毒ガスを撒かれるから注意しろとか、近いうちに警察による強制捜査が行われるだろうとは聞いていたが、「地下鉄サリン事件」が幹部によって決行されたなどということは信じられないという。彼らは若く、二十歳代から三十歳代で、中学校の教師だった一人は日本の公立学校が押しつける教育方針に不満を感じ「オウム真理教」に出会って「出家」したという。「出家」とは仏教用語で、家(ホーム)を出ると書き、家族・財産から離れて僧侶になることを意味する。彼らは非常に真面目な人生を歩もうとしており、一九九九年の現在まで私に嘘をついたりする気配は全くない。彼らは、時々私にオウムの本を読むようにすすめることがある。それらの本には、古い仏教に基づくオウムの教義やヨガの修行のことが書かれているが、私は熱心な読者にはなれない。

彼らは、原則として一日に二回だけ食事をするが、普通の眼からみれば大変な粗食である。そのほうが健康に良いという。彼らは、富士山麓の大規模な建物を追い出されたあとは、数人ずつアパートなどに住み、交替でアルバイトをして収入を得ている。彼らは、時々遠い地方にある場所に合宿して何日間かの修行に入る。修行は、都会から離れた場所で、一人ではなく何人かで一緒にやるほうが良いのだそうだ。彼らの多くはパソコンを操るのが得意で、インターネットの情報などについては非常に詳しく、また自分自身でホームページを開設している。

オウムの特徴

私のみるところによると、「オウム真理教」という宗教は、古い仏教の教義に基づいているが、「教祖」または「開祖」と呼ばれる「麻原彰晃氏」への帰依を中心に成り立っており、信者または「出家者」一人ひとりと「麻原彰晃氏」との精神的な結びつきが信仰生活の中心をなしているようだ。信者同士、また出家者同士は、当然仲間なのだが、宗教的には一人ひとりは別々で、少しいじわるく言えば「便宜的」に共同生活をしているように感じられる。彼らは、人間の死の必然という一種の諦観からすべてをみようとしているように思える。しかし、それは日本の既成の寺院仏教の僧侶たちの多くが、とかく「あきらめ」と通常の価値観への順応を教えるのとは全く異なる。自分の人生にとって何が一番大切なことかを考えつめ、修行によって精神的に高いレベルの体験を積むように努力する。そのために出家する。寺院の広大な土地や建物を相続して社会的なオーソリティを得る既成仏教の僧侶とは、全く違う。改めて考えてみれば、あらゆる宗教は人々の日常を批判的にとらえ、人間に対して厳しい面と優しい面とをもっている。そうした宗教に、ある種の危険性はついてまわる。

一九九五年ころ私は、オウムの信者たちに言ったものだ。「あなたたちは、どうして富士山麓のあのように美しい風景のなかに、あのように味気ない倉庫のような建物をたくさんこしらえて、そこで乱雑な共同生活をしていたのか。宗教ならば、それにふさわしい美意識があって当然ではないのか？」と。彼らは答えた。「建物にお金をかけたくなかっただけです。なるべく実用的で、大勢が住めるところが欲しかったのです。建物は全部自分たちの手で作りました」――鉄骨を買ってきて、自分たちで組み立てたというのである。むろん彼らの仲間には建築士の資格をもっている者がいた。彼らはプラグマチストなのだ。彼らは食料も印刷も薬品も、自給自足を目指し、そうした仕事を「ワーク」と称して分担していた。毒ガス攻撃に備えて、各建物には空気清浄機を取り付けることになり、自分たちで工夫した機械を取り付けた。ときには、とんでもなく奇妙な「ワーク」もあったそうだ。潜水艇を作るというので、海に進水させたところ、沈没しそうになって人命が危うかったという。彼らは、その潜水艇が何の目的で必要なのか詮索はしなかった。ともかく何でも自分たちで作る「ワーク」の一貫だったと、楽しそうに回想する。「ワーク」の失敗は日常茶飯事だったという。彼らは、効率を無視するプラグマチストということになる。富士山麓に建てられた倉庫のような住居には、一九九四年ころには急激に信者・出家者が増えて、千人以上にもふくれあがり、なかには、どこのだれだかわからないような人も大勢いた、とのことだ。そうした新しく増加した人々の多くは、一九九五年の「事件」後、急激にいずこかへ消えてしまったという。当然ながら、さまざまな邪悪な目的で潜入していたスパイもいたであろう。

こうしたいくつかの特徴から言えることは、「オウム真理教団」は決して一枚岩の強固な団結心をもった組織ではなく、ルーズな面をもっていた。いかにも今の日本社会が生み出した宗教らしい、日本社会をカガミに写したような要素をもっている。彼らは、日本の過剰消費社会にいやけをさし、都会に背を向け、世俗を捨て静かな山で修行する。しかし、パソコンやビデオは大いに利用し、一九九五年以降は全くやらなくなってしまったが新しい実験や研究には非常に熱心なのである。何の目的かわからない奇妙なことでも、「ワーク」をやってみようと誰かが言い出せば、何人かでやってしまうという自律性と杜撰さが同居していた。このような特徴をもつ教団を利用して何かを計画する者が、幹部のなかにか、あるいは近い外部の者にか、いたとしても決して不思議ではないような状況があった。

オウム事件の裏側

現在進行中の裁判では、物的・科学的な証拠が非常に少ししか提出されていない。証拠の大部分は、自白と証言という言葉である。言葉のニュアンスは非常に微妙である。オウム信者の言葉と警察官や検察官の言葉では、外国語以上の違いがあると、私は確信する。被告人としての麻原氏は、一切のコミュニケーションを断ち切ってしまっているように思える。事実関係に多くの矛盾や疑問点がある。一九九五年の「地下鉄サリン事件」の十日後に起きた「警察庁長官銃撃事件」の犯人はオウムだといわれ、元オウム信者だったという警察官の自白まであったが結局起訴されないままに終わっている。また同じ年の四月二十三日に起きた、麻原氏の第一の弟子の「村井氏刺殺事件」は現場で「やくざ」らしき者が現行犯逮捕されたが、背後関係は全く解明されないまま になっている。

検察側にとって一番重要とされているのは、麻原氏の裁判である。麻原氏についた国選弁護人たちは、非常に熱心に、刑事弁護の原則どおりに弁護活動を行っている。手続きを法律どおりに進め、事実に関する疑問点は、できるだけ追及する姿勢を貫こうとした。これに対して、検察官・裁判官はむろんのこと、政治家も、マスメディアも一斉に「裁判の引き延ばしだ」と弁護士を責めたてた。この傾向は、ほかの一般の事件にまで波及し、一九九七年以来、「凶悪な犯人を弁護するのは、悪い弁護士だ」という風潮が日本社会全体を覆いつくしている。私は、日本人の大部分がそのように近代的な社会システムを否定する考えに陥っているとは考えない。明らかにマスメディアが冷静さを失い、麻原氏を早く死刑にすることが正義であるかのように、煽り立てる記事を書いているのだ。

そうしたなかで一九九八年十二月に、麻原氏弁護団の中心的な存在だった安田弁護士が、他の事件で逮捕・起訴され、九カ月以上勾留されたうえで、裁判にかけられている。安田弁護士は、顧問をやっていたある不動産会社の倒産を防ぐために別会社を作りあげ、賃貸しビルディングのテナントは賃料をその別会社に支払うように経営者にアドバイスしたということを罪に問われている。しかし企業の顧問弁護士が、そのようなアドバイスをすることは当然のことで、何かの犯罪を構成するものではない。安田弁護士への不当な弾圧は、明らかに麻原氏の裁判を検察官の計画どおりに進めるための陰謀である。日本のマスメディアは、安田弁護士を悪い弁護士のように報道し、安田弁護士の人権を侵害し、同時に読者・視聴者の人権をも蹂躪したのである。

事件後の信者たち

「オウム真理教団」は、一九九五年十月に宗教法人として国から解散命令を受け、一九九六年三月には裁判所から破産を宣告され、一九九六年十月には富士山麓などの大規模な住居を追い出され各地に分散した。それ以後は、単なる任意団体ということになっている。一九九八年には、オウムに対するマスメディアのバッシングも一段落したかと思われたが、一九九九年に入って再び強いバッシングが開始された。つまり、オウム信者が何人かで集団生活をしている場所がわかると、警察とマスメディアがそれを暴露し、付近の住民を煽り立てて「オウム排斥」の住民運動を起こさせるのである。信者たちは、やむなく流浪することになる。ところが、集団で居住できるような建物を手に入れることはなかなか困難で、やっと探しだしても、そこで再び「オウム排斥」運動が始まって市町村の長は住民登録を拒否するのである。日本では住民登録は国民全部と在日外国人の義務であり、市町村の長の義務でもある。住民登録がないと、健康保険などの社会福祉を受けることができなくなる。日本国憲法の第二十二条は、居住の自由を定めているが、オウム信者が新たに居住しようとする市町村の長は、その憲法に違反し住民登録の法律にも違反するのをわかっていながら、「住民の感情」を理由としてオウム信者の登録を拒否している。このような異常が、まるで正当なことのように許されているのが、今日の日本の社会である。

破防法改悪の陰謀

前述の「組織犯罪対策法」は、そうした新たな「オウム排斥」運動のなかで成立してしまった。さらに、「破壊活動防止法」という特別法を、オウムに適用することを一九九七年に見送ったことは間違いで、新たにその法律を改正してまでもオウムに適用すべきだという論調が、最近になって盛んに行われるようになっている。「破壊活動防止法」は一九五二年にできた法律で、政治目的で破壊活動を行なう団体およびその幹部に厳罰を与えるものだ。一九七〇年代に破壊活動を煽動したということで、左翼の活動家個人には適用されたことがあるが、団体や政党に適用されたことはない。オウムに対しても、宗教団体であるし将来にわたる危険性はとぼしいとして適用が見送られた経緯がある。それを、今回は「政治目的」という制限規定をなくし、あらゆるテロ活動を封じ込めるためと称して、一部の保守的政治家・評論家とマスメディア幹部が、改正の必要を叫んでいるのである。「破壊活動防止法」が団体に適用された場合、その団体のために二人でも三人でも集まって相談したり金を出したりすれば、それが犯罪になるという非常に危険な法律だ。太平洋戦争中の「治安維持法」の復活であると言われている。「治安維持法」は、日本の天皇制を守るための法律だった。「破壊活動防止法」は、今日の社会の安全を守るためという非常に抽象的な、漠然とした目的で改悪されようとしている。私たちは、それを阻止するために全力を尽くすつもりだ。

オウム排斥の意味

オウムは、なぜこれほどまでに嫌われるのだろうか。確かに、一九九五年までのオウムの幹部たちは、その幹部たち自身の意志によってか、または何者かに利用されてか、犯罪を犯したことは事実だろう。幹部たちが全く無関係な冤罪だとは、私も思わない。犯罪に対しては一般の刑法により、公正な裁判をすることで十分だ。しかし、その犯罪の真の責任者が謎につつまれたまま、その犯罪を知らされていなかった下部の信者・出家者にまで、連帯責任を問う必要があるのだろうか。私は、現代を中世の報復と厳罰の社会に戻すことはしたくない。団体の連帯責任を問うことは、個人の責任を限りなく希薄にさせる。下部の信者・出家者が、今日も宗教活動を続けようとすること、少なくとも自分たちの修行を続け、日本の社会に生活しようとすることまで、全面否定する必要はないと私は思う。まして、一九九五年の事件の後オウムをやめていく信者がいるし、逆に新たにオウムの信者になる若者がいて、出家する人さえいるというのである。オウムには、日本の若者を引きつける何かがあるのだ。オウム事件を論評する人々は、好んで「犯罪を実行した幹部たちは、麻原によってマインドコントロールされていたのだ」と言う。しかし、事件後の新たな信者たちをどう説明するのか。

私の考えによれば、日本の社会では、「家庭の幸せ」という価値観がすべてにまさる価値観だという「マインドコントロール」が蔓延しすぎている——その価値観に疑問を持つ若者が次から次に現れるのは当然のなりゆきなのである。日本のテレビに流されているコマーシャルフイルムを見れば、私の言う意味が了解されるだろう。そこでは、何かの商品を食べたり飲んだりしさえすれば、家庭は幸せというメッセージがあふれている。それは異常なほどである。その異常に反応し反発する別の異常が現れることも、必然だと思わざるを得ない。オウムは、まさしく現在の日本社会のスケープゴードなのだ。だから、これほどまでに嫌われるのだ。

私たちの栃木調査活動

私たち「人権と報道・連絡会」は、一九九九年八月四日に、もっとも激烈なオウム排斥運動が起きているという、栃木県を調査した。調査項目は、以下のとおりである。

・大田原市長の「住民登録不受理」理由と他県・他市の事例との違い
・住居登録義務との関係
・住民の迷惑・不安の実態
・右翼団体の活動実態
・住民とのトラブル発生の経緯
・マスコミの役割
・オウム関係者児童の就学と教育委員会の判断
・下野新聞の紙面とこの問題に関する編集方針

などであった。下野新聞は独立した県新聞だが、今回のオウム排斥運動については、煽り立てるような記事とセンセーショナルな見出しを連日掲載していた。

麻原氏の子どもを中心として何人かの信者が住み始めた住居は、田園地帯の林に囲まれており、他の住民の住居からは百メートル以上離れていた。門の前には簡単な小屋が建てられて数人の住民が、一日十二時間ずつ二組で二十四時間の監視に当たっていた。住民にインタビューを試みたところ、「上の人が決めたことに従っている」という消極的な人もおり、また「オウムは怖いからね」と言う人もいた。私たちの調査活動にあからさまな不快感を示す人もいた。住民の監視は、建物裏側の林の中の樹木の上に小屋を作って、塀越しにも行われていた。何日か前には、夜中に林の側から塀を叩き、奇声を発し、差別的な言葉を怒鳴るグループもあったという。また、一時期は連日のように、右翼団体が大きなスピーカーを付けた大型バスを停めて演説し、塀の中の信者に対して飲みかけのジュースの缶を投げつけて怪我をさせた。一部の過激な右翼は、工事用トラックで門を突き破り二人の信者に怪我をさせた。運転していた右翼は警察に逮捕された。私たちが驚いたのは、オウムの信者が車で門を出ていこうとした時、何回か「撒き菱」という鉄製の曲がった釘(昔忍者が使った武器)を道路に撒かれ、車がパンクさせられたということだ。オウム信者は、その撒いた人をいったん捕まえたが、大勢の人によって奪い返されたとのことである。住民とのトラブルが、これほどまでにエスカレートしている場所は珍しい。他の県での、通常のオウム排斥運動では、住居の近くに手作りの看板が立てられ、「オウム出ていけ！」などと手書きされるものだが、大田原市では、立派に印刷された同じ文字の看板が多数設置されている。相当の費用が支出されているのが判る。右翼団体の動きも他の場所とは異なって活発であり、裏から煽っている者の存在をうかがわせる。「撒き菱」のことは、ほとんど報道されない。私たちは、市の助役（副市長）に面会して話し合い、栃木県の教育委員会を訪ね、教育長が麻原氏の子どもが小学校（日本では義務教育）に入学する場合には他の子どもたちのために入学拒否も考慮せざるを得ないとの趣旨を発言したと報道されたことにつき見解を確認し、私たちの意見を伝えた。その後、県庁の記者クラブで二十人くらいの記者との記者会見を行った。

翌日のいくつかの新聞には、「市民団体が現地調査」といった一行見出しの小さな記事が掲載された。記事には私たちの主張として、――オウムの住居の中は平穏で、住民の反応は過剰だ、冷静に判断すべきで煽るような報道はすべきでない――という内容が書かれていた。マスメディアは記事を出さないだろうと考えていたが、私たちを無視はできなかった。デスクに言われてルーティンの記事を書いている記者の中にも、自分たちの仕事にいやけを感じている記者がいることは確実だ。また、この記事が出たことにより、「人権と報道・連絡会」栃木グループには、栃木県内の未知の住民から、「一連のオウム排斥運動には恐怖を感じていた」と、私たちの調査を支持する意見が寄せられた。普通の住民のなかには平穏を望むがために、排斥運動に違和感をもつ人々がいる。その事実は、私たちを大いに励ました。
日本におけるオウムに関する社会ヒステリー、それが保守的な（太平洋戦争前と同じ）政治家により巧みに利用されている実態を、あたかも猛スピードで驀進する列車のように感じ、私たち少数者が「人権」を叫ぶ姿は、あたかもその列車の前で吠える犬のように見えると言う人がいた。確かに適切な戯画である。私は、喜んで「人権」の犬になるだろう。私は、学生時代に「破壊活動防止法」の立法に反対して活動したが、挫折した苦い経験を持つ。もし、六十七歳（当時）の私が「破壊活動防止法」で逮捕されるとしたら、それは私の大きな名誉である。

（一九九九年九月記）

あとがき

父から「きみは志賀直哉とウルトラマン・シリーズにくわしいから、山際永三監督の本作りに参加しないか」と言われたとき、ぼくは「はい、やりましょう」と即答した。

これまで自伝を書いたことのないかたのオーラル・ヒストリーを書きたいという気持ちもあった。志賀直哉は若者の理想の追求とその挫折を、繰り返し、小説にした人だと思う。あまり小説を書かなくなってからは、エッセイの執筆などを通じ、世間に対して超然たる姿勢をしめした。別の形での理想の追求だ。

今回、志賀直哉が友人、知己、親族に当ててしたためた膨大な手紙を丁寧に読んだ。子孫、後輩を愛する家長、直哉を知り、あらためてファンになった。

ウルトラマン・シリーズは今見ても、怪獣が登場するまでの東京の風景や、当時の若者ファッションに接するだけで、楽しい。山際さんの本を作ることが決まってからは、かなり気合いを入れて、『帰ってきたウルトラマン』や『ウルトラマンA』を再々見した。

ぼくは小学生のころ、再放送でこれらの映像に接した世代だが、こんなに大人っぽい作品だとは思わなかった。まず夢中になったのは怪獣のデザインだった（デザインという言葉は使わなかったけれど）。テレビ放送に刺戟を受けて、パンダやソフトクリームの怪獣を思いつき、絵にかいたものだ。

二〇一八年の東京は記録的猛暑で、二年後の東京五輪が気がかりであるが、早くも暑くなっていた六月、二回にわたり、杉並区永福町の山際さん宅にお邪魔して座談をした。

挨拶を交わすとすぐ、編集の河野さんはレコーディングを開始。ぼくが疎開時代のことについて尋ねると、山際さんに続いて父も体験を語る。さらに山際さんの親友、佐藤重臣さんについては父も付き合いがあるから語らずにはいられない。当然のようにぼくが司会の役目をつとめることになった。

座談会後、ほどなく、河野さんから音声テープが送られてきて、父がテープ起しにチャレンジする。一語一句ていねいにやっているので、一日たっても、山際さんの生い立ちのくだりをやっている。母が心配そうにのぞきこみ、父も大変だなあとため息をつくので、ぼくが乗り出す。

主語、述語を整え、短い会話をテンポよく積み重ねていく。ふたりとも言語明瞭なのはありがたかった。映像作品や本の紹介は加筆した。ライブアルバムをレコーディングするような気分で、楽しい仕事ができた。

（内藤研）

おわりに

内藤誠さん・研さんのあたたかいご配慮により、この本が作られたことを感謝します。座談記録のところどころに、その話題に関連して、私が書いた論評を挿入するかたちで採録していただきました。

私が一九六〇年代に書いたものは、生硬・未熟で恥ずかしいかぎりですが、その意図するところは、いまも変わっていません。助監督時代の私は、「映画批評」(第一次)で粕三平(熊谷光之)編集長をバックアップする立場でしたが、自分を棚にあげ、他人の作品を批評することばかりやっていたような気もします。粕三平は、「戦後映画」というキャッチフレーズで、ストーリー主義を排し観客にカタルシスを与えない、技法的にも望遠レンズの多用等により「身をやつす」のだと、私たちをケムリに巻いていました。そして同郷の夢野久作を高く評価して、批評と実作の接点を彼自身が暗中模索していたのだと思います。

私はといえば、とかく状況論を得意とし、自分の思いを実作にどう生かせばいいのか、わからない状態でした。野間宏が、確かどこかで「全体小説」ということを言っていたのをマネ(剽窃)して、

「全体映画」などということも主張していました。映画では、とかくゴチャ混ぜになるドキュメンタリーとリアリズムをはっきりと整理する必要があります。事件現場でカメラを回せばそれがリアリズムになるわけでは決してなく、セットで芝居をするからといってそれが作り物にすぎないというわけではありません。想像力・思想性・監督イメージが映画の基本です。個人主体の状況と客観的な情況とをまるごと捉えることが「全体」の意味であり、それにフィクションの意外性がピッタリ当てはまればシメシメというところです。

いまになってみれば、それらの表現論は、映画のメディア・リテラシーそのものでもあります。「映画監督には著作権が無い」と言うと驚く人が多いのですが、その人も内心では「映画はお金がかかるから製作者に権利が集中しても仕方がないのでは」と感じているのが昨今の趨勢です。日本映画監督協会では、映画原版の所有権は製作者に、無体財産としての著作権は監督に――と、棲み分けを提案しています。そのことにより監督に矜持がうまれ、内容についての責任も明確になります。過去刑法猥褻罪で起訴され、被告の座にすわらせられるのは監督でした。武智鉄二監督しかり、山口清一郎監督・藤井克彦監督・大島渚監督しかり、闘いの結果はみな無罪でした。最近はそうした表現の自由が世間を騒がすこと自体が少なくなっています。それは、問題になりそうな映画は企画の段階で市場価値からパージされ、「この企画では儲かりません」と言われてしまうからです。そんなことでいいのでしょうか？　日本映画はどこへ向かっているのでしょうか？

（山際永三）

【著者】

山際永三

…やまぎわ・えいぞう…

1932年兵庫県生まれ。映画監督、演出家。慶應義塾大学文学部卒業。石井輝男プロダクション取締役。元・日本映画監督協会常務理事。1955年、新東宝入社。1961年、監督昇進。1969年、国際放映退社。主な作品に『狂熱の果て』『コメットさん』『帰ってきたウルトラマン』『ウルトラマンA』『ウルトラマンタロウ』『サンキュー先生』『あばれはっちゃく』等がある。

内藤誠

…ないとう・まこと…

1936年愛知県生まれ。映画監督、脚本家、著述家。早稲田大学政経学部卒業。主な映画作品に『番格ロック』『時の娘』『俗物図鑑』『明日泣く』『酒中日記』等がある。主な著書・訳書に『監督ばか』『マーロン・ブランド自伝』等多数ある。

内藤研

…ないとう・けん…

1967年神奈川県生まれ。映画研究者・脚本家。早稲田大学第一文学部卒業。著書に『映画誕生物語』が、脚本作品に『明日泣く』『酒中日記』がある。

Sairyusha

監督山際永三《かんとくやまぎわえいぞう》、大《おお》いに語《かた》る

二〇一八年九月三十日　初版第一刷

著者――山際永三・内藤誠・内藤研

発行者――竹内淳夫

発行所――株式会社 彩流社
〒102-0071
東京都千代田区富士見2-2-2
電話：03-3234-5931
ファックス：03-3234-5932
E-mail：sairyusha@sairyusha.co.jp

印刷――明和印刷（株）

製本――（株）村上製本所

装丁――中山デザイン事務所

ISBN978-4-7791-2525-6 C0074

http://www.sairyusha.co.jp

フィギュール彩

〔既刊〕

㊴1979年の歌謡曲

スージー鈴木◉著

定価(本体1700円+税)

「大変だ、スージー鈴木がいよいよ見つかる」(ダイノジ・大谷ノブ彦、ラジオパーソナリティー)。TV全盛期、ブラウン管の向こう側の歌謡曲で育った大人たちの教科書。

㉜レノンとジョブズ

井口尚樹◉著

定価(本体1800円+税)

レノンとジョブズの共通点は意外に多い。既成のスタイルをブチ破ったクリエイターたち。洋の東西を問わず愚者(フール)が世界をきり拓く。世界を変えたふたりの超変人論。

㉛J-POP文化論

宮入恭平◉著

定価(本体1800円+税)

「社会背景がJ-POPに影響をもたらす」という視座に基づき、数多ある議論を再確認し、独自の調査方法を用いて時代と共に変容する環境とアイデンティティの関連を徹底考察。